U0891844

小场地足球
竞赛规则与裁判方法

中国足球协会　审定

人民体育出版社

图书在版编目（CIP）数据

小场地足球竞赛规则与裁判方法 / 中国足球协会审定. -- 北京：人民体育出版社，2021
ISBN 978-7-5009-5954-0

Ⅰ. ①小… Ⅱ. ①中… Ⅲ. ①足球运动－竞赛规则②足球运动－裁判法 Ⅳ. ①G843.4

中国版本图书馆 CIP 数据核字（2021）第 002864 号

*

人民体育出版社出版发行
北京中科印刷有限公司印刷
新 华 书 店 经 销

*

787×960 16 开本 11.25 印张 168 千字
2021 年 11 月第 1 版 2021 年 11 月第 1 次印刷

*

ISBN 978-7-5009-5954-0
定价：65.00 元

社址：北京市东城区体育馆路 8 号（天坛公园东门）
电话：67151482（发行部） 邮编：100061
传真：67151483 邮购：67118491
网址：www.sportspublish.cn
（购买本社图书，如遇有缺损页可与邮购部联系）

编委会

主　编：谭　海

编　委：李久全　乔岱虎　朱琪林　李飞宇

刘铁军　段明洋　赵英杰

序

为深入贯彻《中国足球改革发展总体方案》（以下简称《方案》）精神，中国足协一直在科学筹划、积极设计、全面部署相关行动方案，在努力推进中国足球保基本、强基层、打基础的近期目标顺利实现的同时，继续推动完成中期目标。《方案》特别指出，要“坚持以人为本，推动社会足球加快发展，不断扩大足球人口规模，开展丰富多彩的社会足球活动。”社会足球是推动中国足球运动不断发展的动力，为加快青少年、年长人士、草根足球等系列社会足球活动的蓬勃开展，在逐步规范活动内容、形式和标准的同时，通过有组织的举办系列赛事活动，进一步激发大众对足球运动的参与热情，吸引更多的组织机构持续保持关注，促使他们成为普及和推广足球运动的重要引擎。

我们还注意到，小场地足球似“小”实“大”，在现代足球运动中，利用小场地进行足球训练已经成为许多教练的选择，它对于提高技术、演练战术具有重要作用。足球世界里没有绝对的“小”，小场地足球一定会大有作为！

《小场地足球竞赛规则与裁判方法》的推出，填补了我国在小场地足球赛事中的规则空白，对赛事筹备、竞赛组织、裁判工作提供了技术保障。

古人云：“欲知平直，则必准绳；欲知方圆，则必规矩。”竞赛规则的推出将有助于小场地足球活动的有序开展，对项目的健康、稳定、可持续发展具有深远意义。

刘　奕

中国足球协会秘书长

前　言

纵观现代足球运动一个半世纪的发展历程，它之所以能够长盛不衰，除了项目自身特征和特点带来的诸多优势因素之外，健全、完善的《足球竞赛规则》是推动该项运动不断发展的核心力量。自 1863 年 10 月 26 日现代足球运动诞生之日起，足球比赛进入了一个具有统一竞赛规则的全新时代。统一规则取代了“临时约定”，从真正意义上实现了“公平对等原则”，为规范竞赛环境、维护赛场秩序、促进项目发展打下了坚实的基础。时至今日，国际足球理事会依然担负着对《足球竞赛规则》进行修订的任务，针对足球赛场不断出现的新问题，充分发挥组织优势，在研究和实验的基础上不断完善《足球竞赛规则》的内容和条款，为足球项目的健康发展及各项赛事的顺利进行提供了有力保障。

2015 年 3 月，国务院发布《中国足球改革发展总体方案》（以下简称《方案》）。《方案》的发布为推动青少年足球运动发展的步伐，促进社会足球运动的深入普及与开展，进一步改进和完善足球竞赛体系，协调参与足球活动各元素间的相互融合等指明了方向。《方案》不仅激活了未来中国足球市场发展的动力，也激发了大众参与足球活动的热情，各种形式的足球活动蓬勃发展。小场地足球比赛作为其中的一项，逐渐成为基层和社会足球活动开展的主要形式，为配合及满足开展小场地足球赛事的需求，填补规则空白，中国足协在参考目前使用的《足球竞赛规则》的基础上，组织编写并审定了《小场地足球竞赛规则与裁判方法》（以下简称《规则与方法》），旨在为规范和完善小场地足球赛事领域中的竞赛组织工作提供帮助。

《规则与方法》包括竞赛规则、裁判方法、比赛官员实践指南三个主要部分，内容涉及规则条款、裁判技能、实践技巧、工作常识等专业知识，为指导赛事组织活动、普及项目规则等做好技术服务和保障工作。《规则与方法》在贯彻国际足球理事会“公平竞赛”规划方针的基础上，坚持以“公平与诚信”“普及与包容”“科技的发展”为指导思想，在构思、选择内容、结构设计、编排布局等各环节以打造“专业品质”为目标。

《规则与方法》力求突出以下几个方面的特征：

第一，针对性。由国际足球理事会和国际足联制定和发布的《足球竞赛规则》涉及“十一人”制和“五人”制，对于小场地足球比赛中执行的《足球竞赛规则》尚没有官方版本，比赛规则仍处于一个“临时约定”的状态。针对规则现状，为更好地服务于国内小场地足球比赛的需要，配合各级竞赛部门及赛事主办方有序地组织和开展此类活动，满足不同年龄、不同阶层、不同人群的参赛需求，在综合考虑各方因素的基础上推出本《规则与方法》，以此吸引更多的足球爱好者参与到小场地足球活动中。

第二，融合性。《规则与方法》在设计的过程中，充分考虑参与群体的特征，为鼓励和推动小场地足球赛事的蓬勃发展，让更多的人参与到裁判工作中，《规则与方法》在编写的过程中，引入“十一人”制和“五人”制《足球竞赛规则》内容，将二者的核心部分融合为一体，一是可解决因参赛队伍数量过多造成裁判人数不足的问题，二是能够促进两种“裁制”裁判人员之间的相互学习和交流，三是对全面普及裁判知识，扩大足球裁判人口有积极作用。

第三，实用性。《规则与方法》在比赛官员实践指南这一部分中，对足球比赛场上经常出现的问题进行梳理和总结，运用通俗易懂的文字和语句加以说明，让所有读者在学习和掌握知识的同时，快速提高技能，具有较强的实用性。当然，《规则与方法》不可能涵盖所有的情形，希望每一名比赛的参与者，能够遵循“体育运动精神”，在相互尊重、彼此信赖的基础上共同维护公平、诚信、安全、发展的规则精神。

《规则与方法》在组织编写的过程中得到了相关部门及各方专家的大力支持和帮助，在此一并表示谢意。

“志不立，天下无可成之事”。坚持实现“体育强国”的理想信念不动摇，是每一位体育从业者和爱好者不忘的初心。方向决定道路，道路决定命运。只有坚定不移的贯彻执行《方案》精神，坚持改革发展的道路，中国足球运动的明天会更加美好。

编委会

2021 年

目　录

规则理念与精神

国际足球理事会在对规则理念的诠释中是这样描述的：足球比赛必须拥有一个“公平公正”的规则，因为“美丽足球”魅力的关键在于公平，这也是“足球比赛精神”的决定性特点。

足球规则虽相对简单，但比赛千变万化，赛场上往往有许多情况需要“主观判定”，这也使得裁判员的一些判罚决定不可避免地会造成争议和讨论，同样，规则不可能涵盖所有的情形，所以当出现规则中未直接明确规定的情况时，也希望裁判员依照“足球比赛精神”作出判罚决定。这通常涉及一个问题，运动队在比赛中应知道如何尊重规则、尊重裁判，尤其是教练员和球队队长在比赛中应肩负着尊重比赛官员及其判罚决定的明确责任。

小场地足球比赛涉及人群以青少年和社会人士为主，参赛人员成分相对多样，各行各业的人们聚集在一起参与活动，在为足球运动注入新的活力的同时，我们也将满怀希望地看到，在一个全新的统一规则框架内，所有比赛有序而精彩的进行。青少年是中国足球运动的未来和希望，建立一个良好、健康的足球环境可以促使年轻人茁壮成长。愿小场地足球比赛成为推动中国足球运动不断发展的生力军。

国际足球理事会和国际足联每年将对“十一人”制和“五人”制规则在应用过程中出现的问题进行讨论和研究，对不适宜的内容和条款进行修改和补充，小场地规则以“十一人”制和“五人”制规则为基础，调整的内容和精神如涉及小场地足球比赛规则中的相关部分，则参考调整后的内容和精神执行。

PART 01

第一部分

竞赛规则

CHAPTER 01 第一章

比赛场地

1. 场地表面

竞赛规程可允许使用的比赛场地

- 全天然草皮。
- 全人造草皮。
- 人造和天然结合材料制成的整体草皮（混合系统）。
- 全土地。

安全性

- 比赛场地表面应平整。
- 人造草皮场地表面应为绿色且材质环保。
- 人造和天然结合材料制成的整体草皮，其衔接处应确保不具危险性。

2. 场地标识

场地标线

- 比赛场地必须是长方形且用线标明。
- 场地标线的宽度不多于 12 厘米。
- 这些线作为场内各个区域的分界线应包含在各个区域之内。
- 所有标线宽度必须一致，且保持与球门横梁和立柱的直径或厚度一致。

• 如人造草皮材料被作为天然草皮场地的标线（记）使用时，应确保其使用不具危险性。

• 标线应明显区别于场地颜色。

• 在使用人造草皮场地时，允许场地上存在非足球运动的其他标线，但其颜色必须有别于足球比赛场地的标线，且区分明显。

基本标记

• 两条较长的边界线叫边线，两条较短的线叫球门线。

• 比赛场地由一条连接两侧边线中点的中线划分为两个半场。

• 中线的中心位置为中点，中点的直径应与比赛用球的直径相近。以中点为圆心画一个半径为 6 米的圆圈。

• 可在比赛场地外，距角球弧 6 米处，分别作垂直于球门线和边线的标记，此标记应与场地界线分离。

3. 场地设备

球门

• 必须在两条球门线的中央，各放置一个球门。

• 球门由两根距同侧边线与球门线相交处的外沿交点等距离的直立球门柱和一根连接球门柱顶部的水平横梁组成。

• 球门柱与横梁必须由经批准的材料制成，且不具危险性。两个球门柱和横梁必须是相同的形状，须为正方形、矩形、圆形、椭圆形或上述形状组合构成。

• 两根球门柱内侧之间的距离为 5 米，从横梁下沿至地面的距离为 2 米。

• 球门柱与球门线的位置关系必须符合图例所示：

- 球门柱和横梁的颜色必须为白色，且宽度和厚度必须一致。
- 球门必须被牢固地固定在地面上，如果符合这个要求可使用移动球门。
- 如果球门移动或损坏，则停止比赛直至被修复或归位。重新开始的比赛则应以坠球或比赛被停止时的恢复方式开始。如无法修复或归位，则必须中止比赛。

球门网

球门网可系在球门和球门后的地面上，并且必须适当撑开，不得影响守门员的活动。

旗杆

- 必须在比赛场地各角竖立高度不低于 1.5 米的平顶旗杆。
- 旗杆应设置于边线与球门线相交处的外沿位置。
- 可在中线两端、边线外不少于 1 米处竖立旗杆。

4. 场地区域划分及尺寸

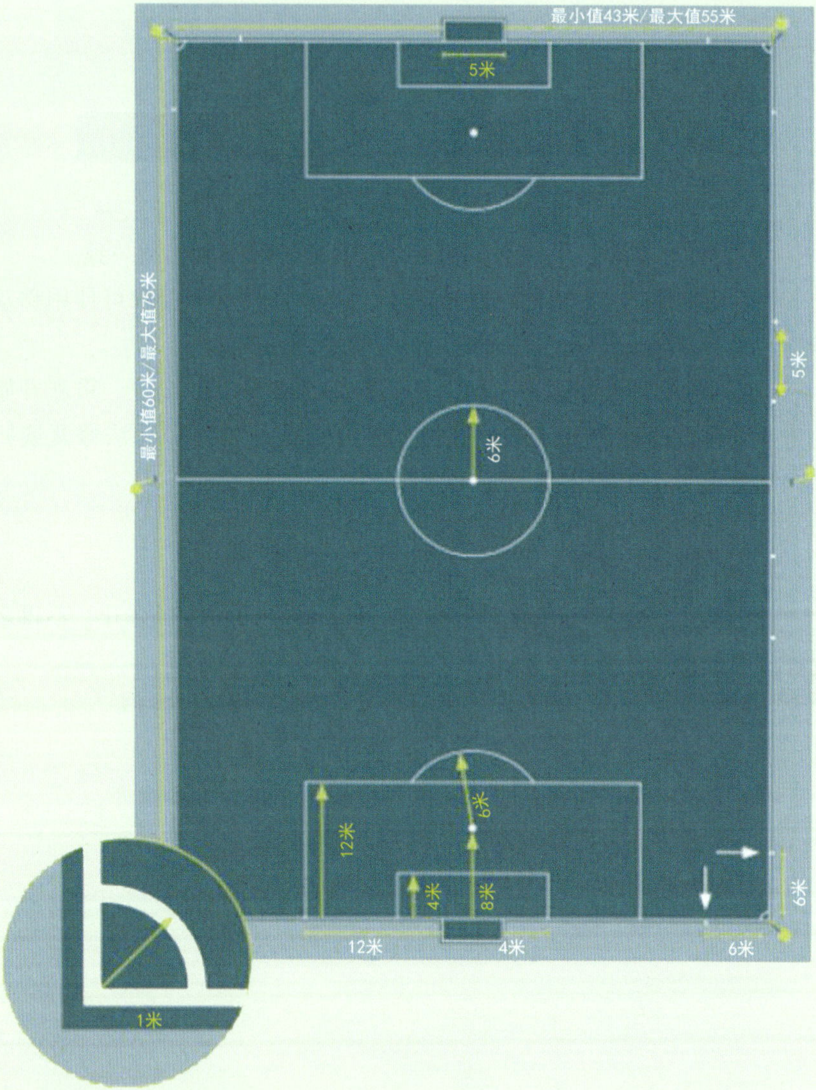
最小值43米/最大值55米
5米
最小值60米/最大值75米
5米
6米
6米
12米
4米
8米
6米
12米
4米
6米
1米

场地边界线

- 标准尺寸：
  - 边线：最短 64 米；最长 75 米。
  - 球门线：最短 48 米；最长 55 米。
- 可允许的尺寸：
  - 边线：最短 60 米；最长 75 米。
  - 球门线：最短 43 米；最长 55 米。

中线

- 中线的宽度应被平分在两个半场之内。
- 涉及因中线引发的违规与判罚标准时，应参照遵守“标线包含在各个区域之内”的规定。

球门区

从距离两根球门柱内侧 4 米处，画两条垂直于球门线的标线。这两条标线向比赛场地内延伸 4 米，与一条平行于球门线的标线相连接。由这些标线和球门线围成的区域组成球门区。

罚球区

- 从距离两根球门柱内侧 12 米处，画两条垂直于球门线的标线。这两条标线向比赛场地内延伸 12 米，与一条平行于球门线的标线相连接。由这些标线和球门线围成的区域组成罚球区。
- 在每个罚球区内，垂直距离两根球门柱之间的中点 8 米处，设置一个罚球点。罚球点的直径应与比赛用球的直径相近。
- 在每个罚球区外，以罚球点为圆心，画一段半径为 6 米的圆弧，并与罚球区连接。

角球区

在比赛场地内，以各角旗杆为圆心，画一个半径为 1 米的弧，并与边线和球门线相连接围成的区域组成角球区。

技术区域

• 技术区域是指设在体育场内，与比赛相关，供球队官员、替补队员和已替换下场的队员使用的有坐席的区域。

• 技术区域仅可从坐席区域两侧向外扩展 1 米，向前扩展至距离边线至少 1 米。

• 应用标线标示出该区域。

• 允许占用技术区域的人员数量由竞赛规程决定。

• 占用技术区域的人员：
  - 需依据竞赛规程，在比赛开始前审核确认。
  - 举止必须得当。
  - 必须留在限定区域内。除特殊情况外，如理疗师/医生经裁判员许可后进入比赛场地内查看受伤队员伤情。

• 同一时刻仅允许 1 人在技术区域内进行战术指导。

替换区

• *替换区的作用仅在有“返场替换”的比赛中使用。*

• *替换区设在双方比赛球队替补席前面的边线外。*

• *替换区分别位于技术区域前，长度为 5 米。由两条长 40 厘米的标线标记，且不与比赛场地边线相连接。*

• *替换区起点一侧的标线标记应垂直于靠近中线的技术区线。*

注：书中以“斜体”标注的文字涉及如下内容：一、临时性规划条款内容，如增加使用临时性规则条款时应遵循本规则规定；二、“双裁判”制内容，如选择采用“双裁判”制制裁时应遵循本规则内容。需要强调的是，赛事主办方或组织单位在《竞赛规程》或《秩序册》中应注明是否选用本规则中涉及“斜体”标注文字的内容。

暂时罚离区

• *暂时罚离的队员应始终留在技术区域内，或者与其球队教练员/*

技术官员同处于一处。

• 如需进行“热身活动”，应与其他替补队员相同，遵照相关热身活动规定进行。

5. 广告及图案

广告

• 除赛事主办机构特许外，竞赛规程应明确比赛进行期间，任何形式的商业广告，无论是实体的还是虚拟的，都不允许出现在比赛场地内及有可能影响比赛正常进行的相关区域。

• 任何广告不得出现在比赛基本设备上。

图案

各级足协、竞赛方、俱乐部，以及其他机构的代表性标志或图案只可以出现在旗杆的旗帜上。

6. 科技应用

球门线技术

在使用球门线技术时，竞赛组织方和相关比赛官员必须遵守《国际足联质量项目——球门线技术测试手册》的相关规定和使用要求。

视频助理裁判系统

在使用视频助理裁判时，竞赛组织方和相关比赛官员必须遵守《国际足球理事会视频助理裁判手册》的相关规定和使用要求。

CHAPTER 02 第二章

球

1. 标准与测量

球的标准

• 球形。

• 由合适的材料制成。

• 球的表面不具有危险性，或有可能伤及运动员的潜在危险因素。

• 正式比赛，竞赛规程应明确比赛用球的品牌，且用球应是符合“国家标准”及国际足联所规定的带有标志符号的产品。

球的测量

	3 号球	4 号球	5 号球
周长 c（厘米）	54≤c≤56	62≤c≤64	68≤c≤70
重量 m（克）	270≤m≤320	350≤m≤380	410≤m≤450
气压 p（海平面标准）	0.5≤p≤1.1	0.55≤p≤1.1	0.6≤p≤1.1

表中数据为比赛开始前的测量指标。

2. 破损球的更换

比赛用球出现破损

• 停止比赛。

• 更换比赛用球，且新的比赛用球应符合规则第二章的要求，并达到比赛开始前的测量指标。

恢复比赛

• 以坠球的方式恢复比赛。

• 如果比赛用球在开球、球门球、角球、任意球、罚球点球或掷界外球时出现破损，则以重新执行的方式恢复比赛。

• 如果比赛用球在罚球点球或罚球点球决胜期间，在被踢出并向前移动后，触及队员、横梁或球门柱之前出现破损，则该罚球点球应重踢。

3. 更换比赛用球

• 在比赛中未经裁判员许可，不得更换比赛用球。

• 如比赛采用“多球制”的方法进行，所有比赛用球应符合竞赛规则第二章的要求，并于赛前统一所有比赛用球的各项测量指标。

• 比赛中，比赛用球应在裁判员管理下使用。

CHAPTER 03 第三章

队 员

1. 队员人数

场上队员人数

一场比赛由两队参加。根据赛事，竞赛规程规定每队最多可有几名上场队员，但其中 1 名必须为守门员。如果任何一队场上队员人数少于竞赛规程要求的规定人数，则比赛不得开始或继续。

竞赛规程可规定的场上队员人数

	7 人制	8 人制	9 人制
最多人数	7	8	9
最少人数	5	5	6

比赛可继续进行的队员人数

• 如果某队因 1 名或多名场上队员故意离开比赛场地，而造成队员人数少于场上最少人数，则裁判员不必停止比赛，可掌握有利继续比赛，但在随后比赛停止时，如果某队场上队员人数仍不足最少人数，则比赛不得恢复。

• 如果竞赛规程规定，在比赛开始前必须提交所有上场队员和替补队员名单，而一队以不足最多上场队员人数的情况开始比赛，则只有在提交名单内的上场队员和替补队员可在到达赛场后参加比赛。

2. 替补与替换

替补与替换要求

• 竞赛规程必须明确可提名的替补队员人数。

• 竞赛规程必须明确可替换人数。

• 竞赛规程必须明确，如果比赛进行至加时赛，是否可以多使用一名替补队员（不论该球队是否已经用完规定的换人名额）。

• 竞赛规程必须明确替换形式（是否采用返场替换）。

• 竞赛规程可规定的替补人数与替换次数（上限）。

	7 人制	8 人制	9 人制
替补人数	8	9	10
替换人数	7	8	9
换人次数（包括返场替换）	4	4	4

• 正式比赛应按照上述规定的数量执行。在中场休息时可增加一次换人机会。当比赛进入加时赛阶段，在加时赛开始之前和加时赛的中场休息时，若一支球队在常规比赛时间内未用完的替换人数和替换次数可在加时赛中使用。

• 若两支球队同时提出换人申请，则双方均计算使用一次换人次数。

• 除正式比赛外的其他比赛，如双方球队就替补人数、替换人数或替换形式达成一致，并在比赛开始前告知裁判员，即可调整相关规定。

• 如果赛前未告知裁判员或双方球队未达成一致，则按照正式比赛的相关规定执行。

返场替换

• 返场替换是指一名已经参与了比赛的场上队员在被替换下场后（已被替换下场的队员），在同一场比赛中再次替换其他队员上场比赛。

• 除竞赛规则第三章涉及返场替换的特殊规定外，其他规定均适用于返场替换的比赛中。

• 返场替换允许在小场地足球比赛中使用。竞赛方必须在竞赛规程中明确是否允许使用返场替换。

3. 替换程序

基本原则

• 替补队员名单必须在赛前提交给裁判员。任何未在此阶段提交名单的替补队员不得参加该场比赛。

• 当替补队员按照规定进入比赛场地内，替换程序即视为完成。从此时起，被替换的队员成为已替换下场的队员，替补队员成为场上队员，并可执行任一恢复比赛的程序。

• 所有已替换下场的队员和替补队员，无论其是否上场参赛，裁判员均可对其行使职权。

替换队员时必须遵守的规定

• 替换前必须通知裁判员。

• 替换程序必须在比赛停止时进行。

• 被替换队员必须从距离最近的边界线处离场，除非其已在比赛场地外。

• 裁判员可酌情示意被替换队员从中线或其他地点离场（考虑到安全和受伤等因素）。

• 被替换队员必须立即前往技术区域或更衣室，并不得再次参加该场比赛（返场替换规则除外）。

• 如果被替换队员拒绝离开比赛场地，则比赛继续。

• 替补队员应在比赛停止时，从中线处入场（返场替换规则除外）。

• 替补队员应在被替换队员离场后，在得到裁判员信号后方可进入比赛场地。

返场替换队员时必须遵守的规定

- *替换前必须通知裁判员。*
- *替换程序必须在比赛停止时进行。*
- *队员在进行替换时，需经本队替换区完成替换程序。*
- *裁判员可酌情示意被替换队员从距离最近的边界线处离场，包括其已在比赛场地外（考虑到安全和受伤等因素）。*
- *被替换队员可再次参加该场比赛。*
- *如果被替换队员拒绝离开比赛场地，则比赛继续。*
- *替补队员应在被替换队员离场后，在得到裁判员信号后方可进入比赛场地。*
- *当替补队员经本方替换区进入场地即完成替换程序。*

4. 更换守门员

- 场上任何队员都可与守门员互换位置。
- 在互换位置前需通知裁判员。
- 在比赛停止时互换位置。

5. 违规与处罚

替换队员时

- 如果一名被提名的替补队员在未告知裁判员的情况下，取代被提名的上场队员开始比赛，裁判员应：
  - 允许该名替补队员继续比赛。
  - 不必对该名替补队员执行纪律处罚。
  - 原先被提名的上场队员视为被提名的替补队员。
  - 替换人数不做消减。
  - 向相关机构报告此事件。
- 如果在中场休息或加时赛开始前要进行队员替换，替换程序必须在比赛恢复前完成。如未告知裁判员，则提名的替补队员可以继续参加比赛，不执行纪律处罚，向相关机构报告此事件。

• 如果一名场上队员未经裁判员允许与守门员互换位置，裁判员应：

- 允许比赛继续。
- 在随后比赛停止时警告（黄牌）这两名队员。如果在中场休息（包括加时赛的中场休息），或比赛结束后、加时赛和/或罚球点球决胜开始前互换位置，则无须警告。

• 对于其他任何违反本节条文的情况，裁判员应：

- 警告（黄牌）相关队员。
- 在比赛停止时球所在地点，以间接任意球恢复比赛。

返场替换队员时

• *替补队员未经裁判员许可擅自进场替换队员，裁判员应：*

- *停止比赛（当掌握有利时不必立即停止比赛）。*
- *警告（黄牌）擅自进场的替补队员。*
- *要求擅自进场的替补队员离场。*
- *如果擅自进场的替补队员干扰了比赛，则在干扰地点由对方以直接任意球恢复比赛。*
- *如果擅自进场的队员没有干扰比赛，但裁判员因此停止了比赛，则在比赛停止时球所在地点以间接任意球恢复比赛。*

• *如果替补队员在被替换队员还未完全离场前进入比赛场地，或在替换过程中替补队员从本队替换区以外进入场地，裁判员应：*

- *警告（黄牌）违反替补程序的队员。*
- *要求违反替补程序的替补队员离场。*

• *队员未经裁判员许可擅自离场后（惯性除外），且需被替换时，裁判员应：*

- *停止比赛（当掌握有利时不必立即停止比赛）。*
- *警告（黄牌）擅自离场队员。*
- *如果裁判员因此停止比赛，应由对方在比赛停止时球所在地点以间接任意球恢复比赛。*

6. 场上队员和替补队员被罚令出场（红牌）

场上队员

• 在球队名单提交前被罚令出场（不必出示红牌），不得以任何身份列入球队名单内。

• 在提交球队名单后，比赛开始前被罚令出场（不必出示红牌），可由被提名的替补队员取代，替补队员名单不得增补，球队的替换人数不做消减。

• 在比赛开始后被罚令出场（红牌），不得被替换。

替补队员

被提名的替补队员在比赛开始前或比赛开始后被罚令出场，替补队员名单均不得增补。

被暂时罚离出场的场上队员

• *暂时罚离出场只适用于比赛开始后。任何队员在比赛开始前的违规行为，将遵照本章**"场上队员和替补队员被罚令出场"**的相关条款执行。*

• *暂时罚离可适用于所有场上队员（包括守门员），但不适用于受到警告（黄牌）的替补队员或已替换下场的队员。*

• *如果守门员被暂时罚离出场，必须指定一名场上队员作为守门员参与比赛。*

• *替补队员在被罚令出场的队员被罚出场 6 分钟后方可进入比赛场地。如果在 6 分钟内有进球发生，则应遵循以下条款：*

- *如果一方球队多出另一方球队 1 人时，并且人数较多的一方进球，则较少人数一方应补齐少出的 1 人。*
- *如果一方球队多出另一方球队 2 人以上（包括 2 人），并且较多人数的一方进球，则较少人数一方增加 1 人。以此类推，在暂时罚离时间段内，较多人数一方每进一球，则较少人数一方*

增加 1 人，直至两队场上人员保持一致为止。

- *如果较少人数一方球队进球，则不改变场上队员人数，继续进行比赛。*
- *如果在进球的那一刻，比赛双方均有队员被暂时罚离出场，且场上队员人数相等，则比赛双方保持原有人数不变。*
- *如果在进球的那一刻，比赛双方均有队员被暂时罚离出场，且场上队员人数不等时，则按照进球一方人数多少执行，即较多人数一方每进 1 球，较少人数一方增加 1 名上场队员，直至两队场上人员保持一致为止。较少人数一方进球，则不改变场上队员人数。*
- *如果一方球队因裁判员掌握有利后得分，而对方球队的犯规是可被暂时罚离出场的犯规，则犯规一方球队的队员人数不被消减，这是因为犯规发生在进球前。*

• *暂时罚离的场上队员，在罚离时段结束后才可被替换下场（如果该队已经用完替换次数，则不能替换）。*

• *如果暂时罚离在上半场比赛结束时（或下半场比赛结束，将进行加时赛比赛时）仍未执行完，则剩余的罚离时间从下半场比赛（或加时赛）开始时继续执行，且应保持被罚离后的场上人数。*

• *如果暂时罚离时段在比赛结束时仍未执行完，则该受罚队员可以参加罚球点球决胜。*

• *处于暂时罚离阶段的受罚队员，犯有需警告（黄牌）或罚令出场的犯规，将不得再次参与本场比赛，也不能被替换或替代。*

7. 比赛场地内多出的人员

人员身份划分

• 列入球队名单的场上队员、替补队员、已替换下场队员或被罚令出场的队员视为队员。

• 列入球队名单的教练员和其他官员视为球队官员。

• 除球队名单内的队员和球队官员外，其他任何人员均被视为场外人员。

队员、球队官员或场外人员进入比赛场地

如果队员、球队官员或场外人员进入比赛场地，裁判员应：

- 当存在干扰比赛的情况时才可停止比赛。
- 在比赛停止时，责令场上无关人员离开比赛场地。
- 采取相应的纪律措施。
- 如果干扰由队员和球队官员造成，则由对方以直接任意球或罚球点球恢复比赛。
- 如果干扰由场外人员造成，则以坠球恢复比赛。

8. 比赛场地外的队员

在比赛场地外的场上队员

• 如果一名场上队员需经裁判员允许方可返场，但未经允许即返场的队员，裁判员应：

- 停止比赛（如果该队员未干扰比赛或比赛官员，或出现可掌握有利的情况时，不必立即停止比赛）。
- 以未经允许进入比赛场地为由警告（黄牌）该名队员。
- 在该队员干扰比赛的地点以直接任意球恢复比赛。

• 如果该队员没有干扰比赛，但裁判员停止了比赛，则在比赛停止时球所在地点以间接任意球恢复比赛。

场上队员在正常比赛移动中越过边界线

• 不应视为违反规则。

• 比赛继续。

9. 比赛场地内多出人员时出现进球

如果裁判员在进球后，比赛恢复前意识到进球时比赛场地内有多出的人员

- 如果多出的人员是下列人员，裁判员必须判定进球无效：
  - 进球队一方列入球队名单的队员及球队官员。由对方在多出人员所处的位置以直接任意球恢复比赛。
  - 干扰了比赛的场外人员，则以坠球恢复比赛，除非进球符合本章“比赛场地内多出的人员”的说明。
- 如果多出的人员是如下人员，裁判员必须判定进球有效：
  - 被进球队一方列入球队名单的队员及球队官员。
  - 没有干扰比赛的场外人员。

如果裁判员在出现进球，且已经恢复比赛后意识到发生进球时比赛场地内有多出的人员

- 不得取消进球。
- 如果多出的人员仍在比赛场地内，裁判员应：
  - 暂停比赛。
  - 责令多出的人员离开比赛场地。
  - 以坠球或比赛停止时相应恢复比赛的形式恢复。
- 裁判员必须向相关机构报告此事件。

如果球将要进门时，多出的干扰人员没有阻碍防守队员处理球，随后球进门

进球有效（即便干扰人员与球发生接触），除非干扰因素来自攻方球队。

责令离场

无论何种情况，裁判员必须责令多出的人员离开比赛场地。

10. 球队队长

球队队长并不享有特殊身份或权利，但其对球队的行为需承担一定责任。

CHAPTER 04 第四章

队员装备

1. 安全性

要求

• 队员不得使用或佩戴具有危险性的装备或任何物件。

• 禁止佩戴任何类型的珠宝饰物（项链、指环、手镯、耳坠、皮质带、橡胶带等）。

• 不允许用胶带覆盖珠宝首饰后上场参与比赛。

• 上场队员必须在比赛开始前，替补队员则在进入比赛场地前接受检查。

规定

• 责令其移除相关物件。

• 如果队员暂时无法或不愿将物件移除，则需在随后比赛停止时，离开比赛场地移除物件。

• 拒绝移除或再次穿戴相关物件的队员，必须给予警告（黄牌）。

• 如果裁判员停止比赛警告（黄牌）队员，应由对方在球停止的位置以间接任意球恢复比赛（可参考本章违规与处罚条款精神执行）。

2. 可穿戴装备

必要装备

场上队员的必要装备包括下列单独分开的物件：

- 有袖上衣。
- 短裤（守门员可穿着长裤）。
- 护袜（胶带或任何附着、外套的材料，其颜色必须与所附着或包裹部分的护袜颜色一致）。
- 护腿板（护腿板必须由能提供一定保护的合适材料制成，由护袜完全包裹）。
- 鞋子。

其他装备

• 可允许佩戴不具备危险性的保护器具。如软性、轻质材料制成的头罩、面具、护膝和护臂，类似的还包括守门员球帽和运动眼镜。

• 可允许佩戴头巾，但必须满足下列条件：
  - 为黑色或与上衣主色一致（同队场上队员必须颜色统一）。
  - 设计合乎球员装备专业形象。
  - 不得与上衣相连接。
  - 不会对佩戴者个人或其他队员构成危险（如在颈部有可开合的装置）。
  - 不能有任何部分凸出头巾表面（凸出表面的部件）。

• 使用电子设备涉及下列规定：
  - 不允许队员（包括替补席内的队员）穿戴或使用任何形式的电子或通信设备（电子表现跟踪系统除外）。
  - 允许球队官员使用任何关乎队员健康与安全、或用于战术/指挥的电子通信设备。该设备只限定于小巧、可移动、便携式产品（如麦克风、耳机、耳麦、手机、智能手表、平板电脑、笔记本电脑等）。
  - 允许队员使用电子表现跟踪系统（EPTS）。但使用设备必须符合国际足联要求，满足《国际足联电子表现跟踪系统质量项目》对可穿戴电子表现跟踪系统的要求。

着装颜色

- 颜色要求：
  - 队员着装颜色必须有别于对方队员和比赛官员。
  - 双方守门员着装颜色必须有别于其他场上队员和比赛官员。
  - 如果双方守门员的上衣颜色相同且无法更换，裁判员允许比赛进行。
- 其他要求：
  - 如果队员穿着上衣内衣，暴露在外面的颜色必须与衣袖主色一致，或者与衣袖图案一致。
  - 内衬裤/紧身裤颜色必须与短裤主色或短裤底部（下摆）颜色一致。
  - 同队场上队员必须颜色统一。

3. 标语、言论、图像及广告

规定

• 队员装备不得带有任何政治性、宗教性、个人化的标语、言论或图像。

• 队员不得展示内衣、裤上带有任何政治性、宗教性、个人化的标语、言论或图像，以及生产商标志以外的广告。

• 任何违反规定的队员和/或球队将由赛事组织方、国家足球协会或国际足联处理。

权限

• 竞赛规程可以包含进一步的规定/限制，特别是有关标语、言论及图像的尺寸、数量和位置。

• 建议在比赛/赛事开始前解决有关标语、言论及图像的分歧。

4. 违规与处罚

违规的场上队员

• 无须为任何违反本章条文的行为停止比赛。

• 由裁判员引导离开比赛场地调整装备。

• 除非已经调整好装备，否则需在比赛停止时离开比赛场地。

离开比赛场地调整或更换装备的队员

• 由一名比赛官员在其被许可重新进入比赛场地前检查装备。

• 只能在裁判员许可后重新进入比赛场地（可在比赛进行中）。

未经裁判员允许进入比赛场地的队员

• 必须给予警告（黄牌）。

• 如果因警告（黄牌）而停止比赛，则在比赛停止时球所在地点以间接任意球恢复比赛。

• 如果该队员干扰了比赛，则在干扰地点判罚直接任意球或罚球点球。

意外脱落的装备

场上队员因意外脱落的装备（如鞋子、护腿板等），必须在随后比赛停止前尽快整理好装备，如果该名队员在整理好装备前触球且/或射门得分，则进球有效，不应以装备不整判罚犯规继而取消进球。

CHAPTER 05 第五章

裁判员

1. 裁判员的权力

“单裁判员”制

每场比赛由 1 名裁判员掌控，他有全部权力去执行与比赛相关的竞赛规则。

“双裁判员”制

每场比赛由 2 名裁判员控制，即裁判员和第二裁判员。他们有全部权力去执行与比赛相关的竞赛规则。

2. 裁判员的决定

基本原则

• 裁判员根据与比赛相关的事实所作出的决定，包括进球与否以及比赛的结果，都是最终的决定。必须无条件地尊重裁判员的决定。

• 只有在比赛未重新开始或终止前，裁判员可以根据自己的判断或其他比赛官员的建议而更改确实不正确的决定。

• 如果裁判员本人，或经过其他比赛官员建议后意识到恢复比赛方式的决定发生错误，而比赛已经恢复，或裁判员已经示意上下半场结束（包括加时赛）并离开比赛场地，或已经中止了比赛，则不可更改该决定。

• 仅当比赛恢复前，其他比赛官员已经识别出了犯规行为，并在已经尝试与裁判员沟通的情况下，才可以在比赛恢复后实施纪律处罚，且不执行该纪律处罚所对应的比赛恢复方式。

“单裁判员”制

• 裁判员依据足球竞赛规则和“足球比赛精神”，尽自身最大能力，在规则框架内酌情考虑，作出自己认为最合适的决定。

• 如果裁判员无法继续比赛，比赛可在其他比赛官员的监管下继续进行，直到随后比赛停止。

“双裁判员”制

• *当裁判员与第二裁判员就某一犯规行为同时发出判断信号，而发生双方判罚不一致时，以裁判员的判罚决定为准。*

• *如果第二裁判员或其他比赛官员过分干扰或有不适当的行为表现时，裁判员可解除其职责，并指派他人替代，事后将此事件报告提交相关机构。*

3. 裁判员的职责与权限

职责

• 执行足球竞赛规则。

• 与其他比赛官员协作管理比赛。

• 记录比赛时间、比赛成绩，并向相关机构提交比赛报告，报告内容涉及赛前、赛中、赛后发生的纪律处罚信息及任何其他事件。

• 监管和/或示意比赛恢复。

• *在“双裁判员”制的比赛中，当助理裁判员（第三裁判员）不在场时兼顾助理裁判员工作。*

权限

• 有利：

– 当犯规或违规情况发生时，未犯规或违规的一方球队能从有利原则中获益，则允许比赛继续。

- 如果预期的有利没有在那一时刻或随后几秒内出现，则判罚最初的犯规或违规。

• 纪律措施：

- 当多种犯规同时发生时，从纪律处罚、比赛恢复、身体接触程度、战术影响等方面考虑，判罚相对严重的犯规。
- 对应被警告（黄牌）和罚令出场（红牌）的队员执行纪律处罚。
- 从进入比赛场地开始赛前检查直至比赛结束（包括罚球点球决胜）离开比赛场地，裁判员均有权执行纪律处罚。如果在开赛进入场地前，一名上场队员犯有可被罚令出场的（红牌）犯规，裁判员有权阻止其参加该场比赛，并将任何其他不正当行为上报相关机构。
- 从开赛前进入比赛场地直至比赛结束，包括中场休息、加时赛和罚球点球决胜期间，裁判员均有权出示黄牌，以及在竞赛规程允许下，将队员暂时罚离。
- 向对自己行为不负责任的球队官员进行劝诫、或对其出示黄牌警告，或出示红牌将其驱逐出比赛场地及周边，包括技术区域。如果犯规人员无法被辨别明确，则该球队技术区域内最高职务的教练员将接受此纪律处罚。球队医护人员触犯了可被罚令出场的（红牌）犯规行为时，如该队无其他医护人员可用，则该医护人员可以留下，并在队员需要治疗时执行工作。
- 对于自己未看到的情况，根据其他比赛官员的建议作出判罚决定。

• 受伤：

- 如果队员仅是轻微受伤，则允许比赛继续直至比赛停止。
- 如果队员严重受伤，则停止比赛，确保受伤队员离开比赛场地。受伤队员不可在比赛场地内接受治疗，在比赛恢复后才可重新进入比赛场地。如果比赛在进行中，受伤队员必须从边线处入场。比赛停止时，则可从任一边界线处入场。

- 当发生如下情况时，不必须遵循离场治疗的规定：
  a. 守门员受伤时。
  b. 守门员与其他队员发生碰撞、需要引起关注时。
  c. 同队队员发生碰撞、需要引起关注时。
  d. 出现严重受伤时。
  e. 场上队员因遭受对方队员有身体接触，且可被警告（黄牌）或罚令出场（红牌）的犯规（如鲁莽或严重犯规性质的抢截）而受伤，其伤情能够在短时间完成评估/得到治疗时。
  f. 裁判员判了罚球点球，且罚球点球将由受伤的队员主踢时。
- 确保任何流血的队员离开比赛场地。必须在其流血已被止住、装备没有血迹的情况下，经裁判员示意后，才可重新进入比赛场地。
- 如果裁判员已经指示医生和/或担架员进入比赛场地，受伤队员必须在担架上或自行离开比赛场地。未遵从该条款的受伤队员必须以非体育行为给予警告（黄牌）。
- 如果裁判员已经决定要对需要离场接受治疗的受伤队员给予警告（黄牌）或罚令出场（红牌），必须在其离场前出示红黄牌。
- 如果不是因为类似原因而暂停比赛，或队员受伤并不是因违反竞赛规则造成的，则以坠球恢复比赛。
- *在允许返场替换的比赛中：*
  a. 受伤队员不需要从替换区离场，他可从场地的任何边界线处离场。
  b. 受伤队员可被替换，但是替补队员必须在受伤队员已经离场后，从本方的替换区入场。

• 场外干扰：

-裁判员可就任何违反规则的情况或场外干扰等原因暂停、中断或中止比赛，如下列因素：

a. 比赛场地照明灯光不足。

b. 因天气及其他因素造成的危险环境。

c. 场外人员投掷物品干扰比赛正常进行。

d. 他人鸣哨干扰比赛。

e. 比赛场地内出现多出的球、其他物品、动物等。

f. 比赛场地内出现非比赛名单中的其他人员。

- 因场外干扰因素导致裁判员暂停比赛，应以坠球的方式恢复比赛。
- 如场外因素未干扰比赛，则裁判员允许比赛继续，并尽快将其移出比赛场地。
- 在球即将进门时，场外干扰因素没有阻碍防守队员处理球，且随后球进门，则视为进球有效（即便干扰因素与球发生接触），除非干扰因素来自攻方球队。
- 未经授权人员不得进入比赛场地。

4. 裁判员的装备

必要装备

- 一个或多个口哨。
- 一块或多块手表。
- 红、黄牌。
- 记录卡（或其他可记录比赛情况的用具）。

其他装备

- 与其他比赛官员进行交流的设备（如电子耳麦通信系统、振动或蜂鸣信号旗系统）。
- 电子表现跟踪系统或其他体质监测设备。

禁止裁判员和其他“在场”比赛官员佩戴珠宝首饰或任何其他电子设备，包括摄影、摄像仪器

5. 裁判员的示意信号

“单裁判员”制示意信号图示

直接任意球

间接任意球

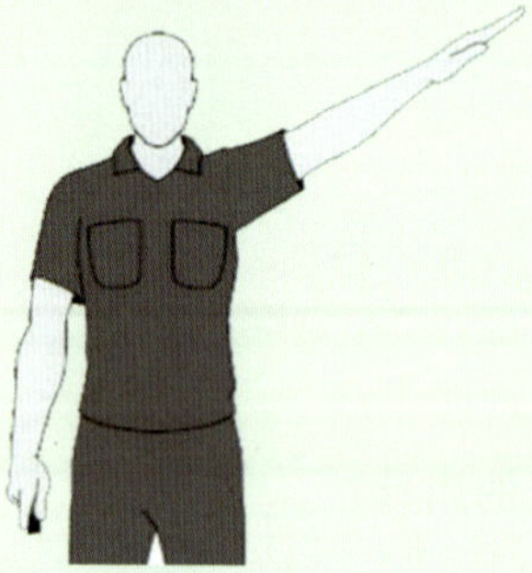
角球

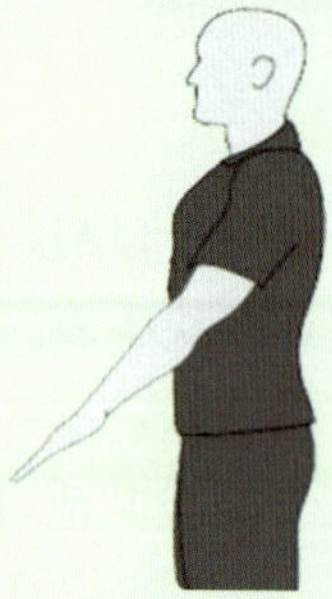
球门球

单臂有利

双臂有利

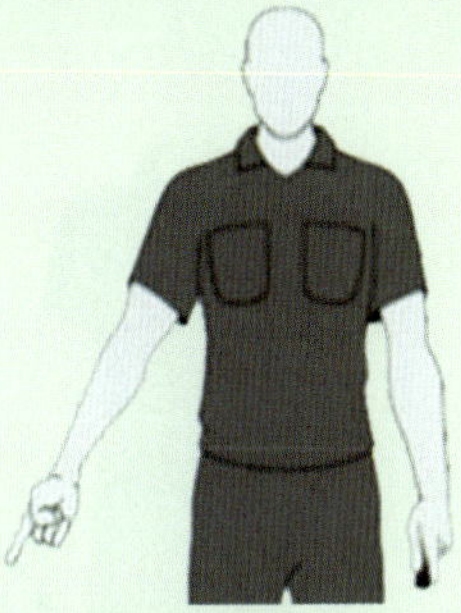

罚球点球

纪律处罚

查看

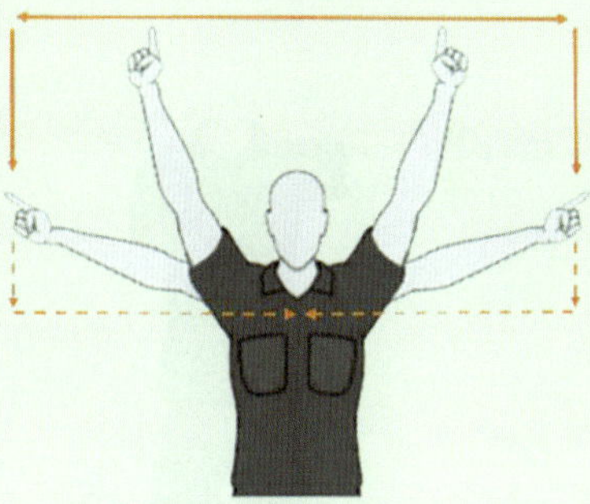

回看分析

“双裁判员”制示意信号图示

直接任意球

球出界

间接任意球

角球

罚球点球

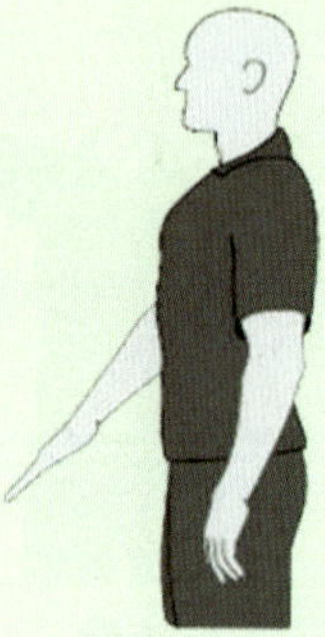

球门球

单臂有利

双臂有利

纪律处罚

越位

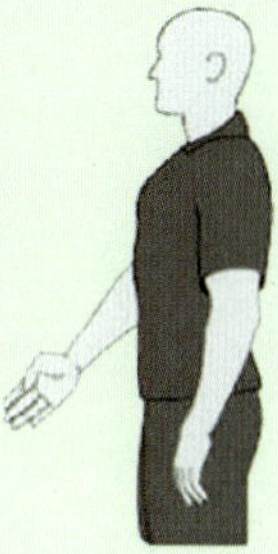

近端

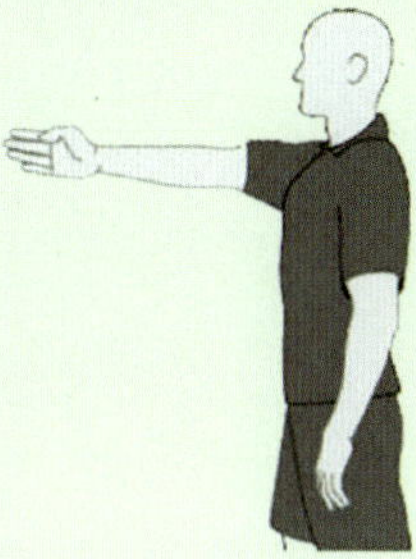

中端

远端

6. 比赛官员的责任

裁判员或其他比赛官员不对下列情况承担责任

• 参赛队员、官员或观众任何形式的受伤。

• 任何形式的财产损失。

• 由于或可能由于根据竞赛规则，或按照正常程序要求做出的维持、继续和管理比赛的决定，对任何个人、俱乐部、公司、协会或其他机构所造成的任何损失。

涉及不承担责任的决定

• 就比赛场地及其周边环境或天气状况决定是否进行比赛。

• 因无论何种原因决定中止比赛。

• 比赛场地器材和比赛用球是否适合在比赛中使用。

- 根据观众的影响或观众区域的任何问题，决定是否停止比赛。
- 是否停止比赛将受伤队员移至场外治疗。
- 要求受伤队员移至场外治疗。
- 是否允许队员穿着某种服装或佩戴某种设备。
- 在有权时，决定是否允许任何人（包括球队或球场官员、安保人员、摄影师或者其他媒体代表）出现在比赛场地附近区域。
- 根据竞赛规则或国际足联、洲际联合会、国家足球协会条款，或比赛所涉及的竞赛规程履行职责时所作出的决定。

CHAPTER 06 第六章

其他比赛官员

1. 其他比赛官员的权限

• 竞赛规程应明确一场比赛中的比赛官员岗位设置。根据竞赛规则，其他比赛官员应协助裁判员监管比赛，但最终决定必须由裁判员作出。

• 比赛官员在裁判员的领导下履行各自职责。如果出现不当的干涉或行为，裁判员可解除其职权，并向相关机构报告此事件。

• 竞赛规程必须明确由谁替换不能开始或继续执裁的比赛官员，以及任何相应产生的替换。尤其要明确，当裁判员不能继续工作时，由谁来替换裁判员担任工作。

2. 助理裁判员

"单裁判员"制比赛中助理裁判员的职责

• 示意当球的整体离开比赛场地，应由哪一队踢角球、球门球或掷界外球。

• 示意处于越位位置的队员可被判罚越位犯规。

• 示意申请队员替换。

• 示意在罚球点球时，守门员是否在球被踢出前离开球门线，以及球是否越过球门线。

• 示意当不正当行为或任何其他事件发生在裁判员视线外。

• 示意当犯规或违规发生时，助理裁判员比裁判员观察角度更好

（特别是发生在罚球区内的犯规或违规情况）。

- 协助裁判员监管队员替换程序。
- 协助裁判员管理和控制队员应退出的规定距离。

“单裁判员”制比赛中助理裁判员的信号

示意信号图解。

攻方界外球

守方界外球

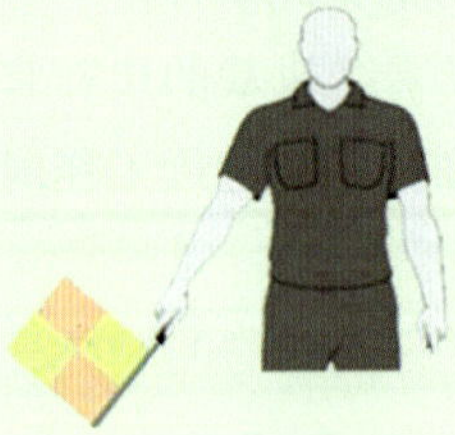

角球

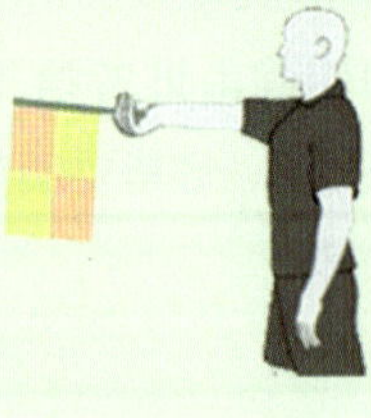

球门球

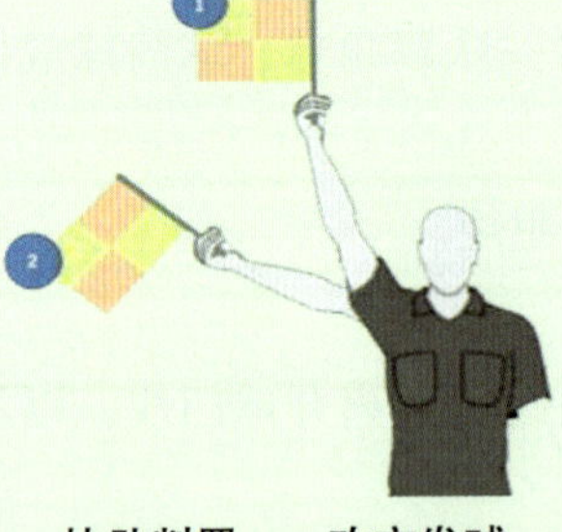

协助判罚——攻方发球

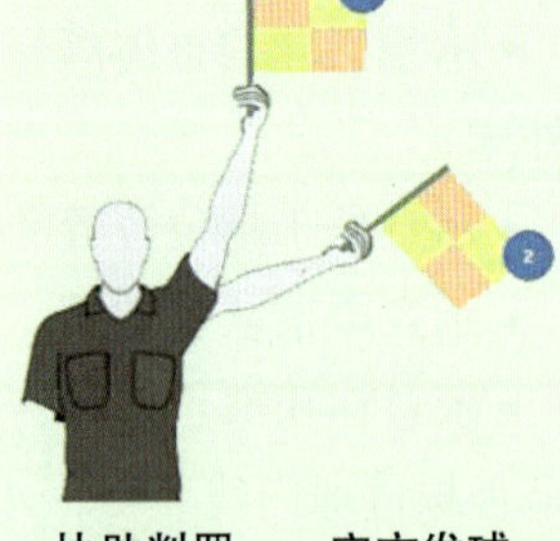

协助判罚——守方发球

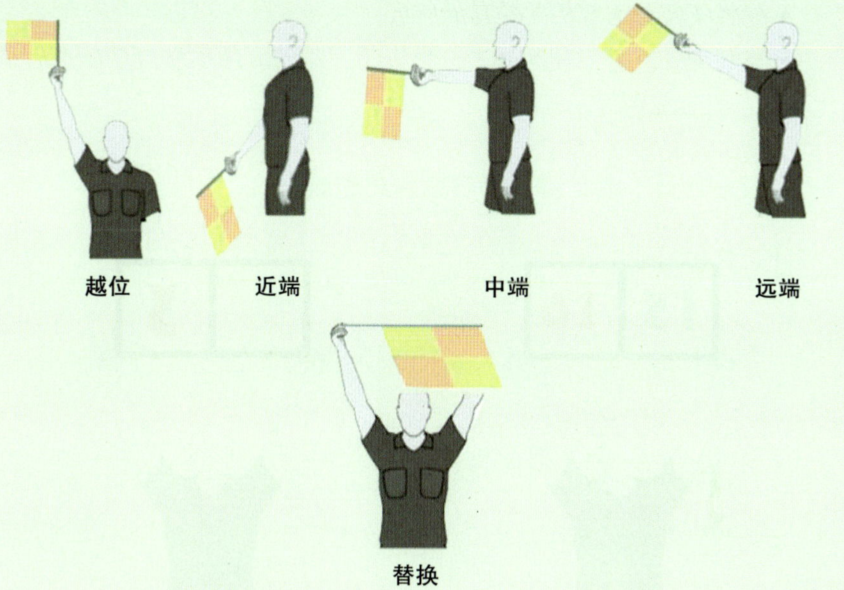

“双裁判员”制比赛中助理裁判员的职责（第三裁判员）

- *协助两名裁判员工作。*
- *在裁判员的要求下监管比赛用球的更换。*
- *检查替补队员装备及监管替换程序。*
- *展示替补队员和被替换队员的信息。*
- *记录比赛时间、进球、被警告（黄牌）或罚令出场（红牌）的队员号码。*
- *记录队员被暂时罚离的时间并监管被罚离队员重新入场。*
- *在裁判员的委派下，监管已经离场调整装备的队员及由于任何受伤已经离场的队员重新进入比赛场地。*
- *提示裁判员任何被遗漏的严重事件或确实不正确的错误判罚。但无论怎样，裁判员最终决定任何与比赛有关的事项。*
- *监管任何位于技术区域和替补席上人员的行为，并将他们任何不适当的行为通知裁判员。*
- *在各半场（包括加时赛）结束时，展示裁判员将要补足的最短补时时间。*

- *提供任何与比赛相关的其他信息。*
- *当裁判员、第二裁判员之一受伤或因其他事件不能行使职责时取代并成为第二裁判员。*

“双裁判员”制比赛中助理裁判员的信号

替换

补时

3. 第四官员

第四官员的职责

- 在裁判员的要求下监管比赛用球的更换。
- 检查替补队员装备及监管替换程序。
- 展示替补队员和被替换队员的信息。
- 记录比赛时间、进球、被警告（黄牌）或罚令出场（红牌）的队员号码。
- 记录队员被暂时罚离的时间并监管被罚离队员重新入场。
- 在裁判员的委派下，监管已经离场调整装备的队员及由于任何受伤已经离场的队员重新进入比赛场地。
- 提示裁判员任何被遗漏的严重事件或确实不正确的错误判罚。但无论怎样，裁判员最终决定任何与比赛有关的事项。
- 监管任何位于技术区域和替补席上人员的行为，并将他们任何不适当的行为通知裁判员。

• 在各半场（包括加时赛）结束时，展示裁判员将要补足的最短补时时间。

• 提供任何与比赛相关的其他信息。

• 当裁判员及其他比赛官员不能继续工作时，进行替补。

第四官员的信号

同“双裁判员”制比赛中助理裁判员的信号。

4. 视频助理裁判（VAR）

规定

• 只有当比赛/竞赛方完全满足了视频助理裁判操作规范与实施要求（《视频助理裁判手册》所述内容），且得到国际足球理事会与国际足联书面许可后，方可使用视频助理裁判系统。

• 在使用视频助理裁判系统的比赛中，裁判员应具备国际足球理事会审批通过的执裁资格（包括裁判员与视频助理裁判）。

权限

• 仅当裁判员在有关以下各类事件的判罚存在“清晰而明显的错误”或“遗漏的严重事件”时，视频助理裁判方可进行协助：

- 进球/未进球。
- 罚球点球/不是罚球点球。
- 直接红牌（不包括第二次警告）。
- 裁判员对犯规人员执行警告（黄牌）或罚令出场（红牌）时出现处罚对象错误。

• 视频助理裁判员通过回看事件视频获取有关信息从而提供协助。裁判员基于视频助理裁判员提供的信息和/或自己直接回看视频画面（“在场回看分析”）作出最终的决定。

• 除“遗漏的严重事件”情况外，裁判员（以及其他有关的“在场”比赛官员）必须先作出一个决定（此决定也包括不对潜在的犯规行为进行判罚)；此决定不可更改，除非属于“清晰而明显的错误”。

在比赛已经恢复后进行回看分析

如果比赛停止，又已经恢复，则裁判员只可针对纪律处罚对象错误或涉及的暴力行为、吐口水、咬人或极具攻击性、侮辱性和/或辱骂性动作的潜在罚令出场（红牌）事件执行“回看分析”，并执行相应的纪律处罚。

5. 助理视频助理裁判（AVAR）

助理视频助理裁判的职责：

- 在视频助理裁判员进行“查看”或“回看分析”时，观看电视画面。
- 记录与视频助理裁判员相关的时间以及任何沟通或技术问题。
- 协助裁判员与视频助理裁判员的沟通，特别是当视频助理裁判员执行“查看”/“回看分析”时，与裁判员沟通，如告知裁判员需“停止比赛”或“延迟恢复比赛”等。
- 记录每次“查看”或“回看分析”造成的时间“损耗”。
- 就与视频助理裁判员相关的决定信息，与有关方面进行沟通。

CHAPTER 07 第七章

比赛时间

1. 比赛阶段

• 一场比赛分为两个相同时长的半场，每个半场为 30 分钟。

• 依据竞赛规程，在比赛开始前经裁判员和双方球队同意后，方可缩短各半场比赛时间。

2. 中场休息

• 队员享有中场休息的权利，休息时间不得超过 10 分钟。加时赛中场阶段可短暂补水（时长不超过 1 分钟）。

• 竞赛规程必须明确中场休息的时长，在经裁判员许可的情况下方可调整中场休息时长。

3. 补足损耗时间

补时的考虑因素

• 队员替换。
• 对受伤队员的伤情评估和/或将其移出比赛场地。
• 浪费的时间。
• 纪律处罚。
• 竞赛规程允许的医疗暂停。如“补水”暂停和“降温”暂停。
• 与视频助理裁判员“查看”和“回看分析”有关的延误。
• 任何其他原因，包括任何明显延误比赛恢复的情况（如庆祝进球等）。

补时的规定

- 补时时间一定是剩余比赛时间。
- 第四官员或助理裁判员（“双裁判员”制比赛）在每半场最后 1 分钟结束时展示裁判员决定的最短补时时间。
- 裁判员可增加补时时间，但不得减少。
- 裁判员不得因上半场计时失误而改变下半场的比赛时长。

4. 暂时罚离时段

时间

- *暂时罚离的时长应为比赛时长的 10%~15%。*
- *所有暂时罚离的情形，罚离的时长相等。*
- *暂时罚离的计时，应自罚离的队员离开比赛场地后、比赛恢复时开始。*

规定

- *竞赛方必须规定由谁来帮助裁判员为暂时罚离进行计时。可委派第四官员、助理裁判员、中立代表；特殊情况时，可使用球队官员。*
- *裁判员需将暂时罚离时段中所有应计入本半场比赛“补时”的时间“损失”（如换人、受伤等），补计入暂时罚离时长中。*
- *暂时罚离时段结束时，受罚队员需得到裁判员允许后从“替换区”重新进入比赛场地。返场过程可以处于比赛进行中。*
- *由裁判员决定受罚队员何时可以返场。*

5. 中止的比赛

除非竞赛规程规定，或主办方另有决定，否则中止的比赛需要进行重赛。

CHAPTER 08 第八章

比赛开始与恢复

1. 开球

程序

• 通过掷币的方式，猜中的一方选择决定本方上半时进攻方向，或者由本方开球。

• 根据上述的选择结果，另一方开球，或者决定本方上半场进攻方向。

• 选择了本方上半场进攻方向的一方，在下半场开球开始比赛。

• 下半场，双方球队交换半场和进攻方向。

• 当一方进球后，由另一方开球。

规定

• 除开球队员外，所有场上队员必须处在本方半场内。

• 开球队的对方队员必须距球至少 6 米直至比赛开始。

• 球必须放定在中点上。

• 裁判员给出信号。

• 当球被踢且明显移动时，比赛即为开始。

• 开球可直接踢入对方球门得分。如果直接踢入了本方球门，则判给对方角球。

违规与处罚

• 如果开球队员在其他场上队员触及球前再次触球，则判罚间接任意球。如果手球犯规，则判罚直接任意球。

• 对于其他任何违反开球程序的情况，应重新开球。

2. 坠球

程序

• 如果比赛被停止的时刻：

– 球处于罚球区内。

– 比赛停止前球最后一次被触及的地点处于罚球区内。

则坠球给守方球队的守门员，坠球地点在罚球区内。

• 其他所有情况，裁判员坠球给最后触球球队的一名场上队员。坠球地点在球最后一次被队员、场外因素或比赛官员触及的位置。

• 其他所有队员（包括双方队员）必须处于距离球不少于 3 米的位置，直至比赛恢复。

规定

当球触及地面，比赛即为恢复。

违规与处罚

• 出现如下情况时，需重新坠球：

– 球在触及地面前被队员触及。

– 球在触及地面后，未经队员触及而离开比赛场地。

• 如果坠球后，球未经至少 2 名场上队员触及而进入球门：

– 球进入对方球门，则以球门球恢复比赛。

– 球进入本方球门，则以角球恢复比赛。

CHAPTER 09 第九章

比赛进行与停止

1. 比赛停止

“死球”停止

- 球的整体从地面或空中越过球门线或边线。
- 裁判员责令比赛停止。

接触停止

- 球接触了比赛官员后仍在比赛场地内，并且：
  - 任一队开始了一次有希望的进攻。
  - 直接进入了球门。
  - 控球球队发生了转换。
- 上述情况发生后，比赛以坠球恢复。

2. 比赛进行

所有其他时间，如果球接触了比赛官员，或从球门柱、横梁、角旗杆弹回并且仍在比赛场地内，均为比赛进行中。

CHAPTER 10 第十章

确定比赛结果

1. 进球

• 当球的整体从球门柱之间及横梁下方越过球门线，且进球队未犯规或违规时，即为进球得分。

• 如果守门员手抛球直接进入对方球门，则由对方踢球门球。

• 如果裁判员在球的整体还未越过球门线时示意进球，则以坠球恢复比赛。

2. 获胜球队

• 进球数较多的队伍为获胜队。如果双方球队没有进球或进球数量相等，则该场比赛为平局。

• 当竞赛规程规定一场比赛出现平局，或主客场进球数量相同时必须有一方取胜，仅允许采用下列方式决定获胜队：

- 客场进球规则。
- 加时赛。加时赛上下半场时长相等且不超过 10 分钟。
- 罚球点球决胜。

• 可将上述方式组合使用。

3. 罚球点球决胜

程序

• 在比赛结束后执行罚球点球决胜程序，除非有其他规定，否则按竞赛规则相关内容执行。在比赛中已被罚令出场（红牌）的队员不得参与罚球点球决胜（暂时罚离除外）。在比赛中已执行的劝诫或警告，不带入罚球点球决胜阶段。

- 罚球点球决胜开始前：
  - 裁判员通过掷币的方式决定罚球点球决胜使用的球门，除非有其他考虑（如场地条件、安全性等）。只有因为安全原因，或在球门、场地表面无法正常使用的情况下，才可更换罚球点球决胜使用的球门。
  - 裁判员再次通过掷币的方式，由猜中的一方决定先踢或后踢。
  - 除替补队员替换无法继续比赛的守门员的情况外，只有在比赛结束时在比赛场地内，或暂时离场（受伤、调整装备、暂时罚离等）的场上队员有资格参加罚球点球决胜。
  - 各队负责安排有资格的场上队员踢罚球点球的顺序，罚球队员顺序不必告知裁判员。
  - 如果在比赛结束时、罚球点球决胜开始前或进行中，一方场上队员人数多于另一方，则多的一方必须消减队员人数以与对方保持一致，且必须告知裁判员被消减的队员姓名及号码。被消减的队员不得参加罚球点球决胜（除下列情况外）。
  - 在罚球点球决胜开始前或进行中，如果一方守门员无法继续比赛，则守门员可由为保持人数一致而被消减的场上队员替换，或如果该队替换名额还未用完时，由一名提名的替补队员替换。被替换的守门员不得再次参加罚球点球决胜或踢罚球点球。
  - 如果守门员已经踢了罚球点球，则替换该守门员的队员在下一轮踢罚球点球之前，不得踢罚球点球。
  - *在执行“返场替换”规则时，涉及下列内容应调整为：*
    - *a. 所有场上队员和曾经替补出场的队员均有资格踢罚球点球。*
    - *b. 双方应保持踢罚球点球队员人数一致，并告知裁判员。*
    - *c. 在踢罚球点球过程中，守门员可由任何队员替换。*

- 罚球点球决胜进行中：
  - 只有符合资格的场上队员和比赛官员可以留在比赛场地内。
  - 除踢罚球点球的队员和两名守门员外，所有符合资格的场上队员必须留在中圈内。
  - 踢球队员一方的守门员必须留在比赛场地内、在罚球区外球门线与罚球区线交汇的位置。
  - 符合资格的场上队员可与守门员互换位置。
  - 当球停止移动、离开比赛场地，或因发生任何犯规的情况而裁判员停止比赛时，视为罚球完成。主罚队员不得再次触球/补射。
  - 裁判员记录罚球点球决胜情况。
  - 因守门员犯规而造成重新踢罚球点球时，如果守门员是首次犯规，则对其实施劝诫，之后其所有犯规均需执行警告（黄牌）。
  - 裁判员示意执行踢罚球点球后，主罚队员犯规，则警告（黄牌）主罚队员，此球记为罚失。
  - 守门员与主罚队员同时犯规，则警告（黄牌）主罚队员，并记为罚失。
  - *在执行“返场替换”规则时，涉及下列内容应调整为：*
    a. 在踢罚球点球的过程中，符合资格的队员可与守门员互换位置，只要事先通知裁判员且其装备符合规定。
    b. 在踢罚球点球的过程中，允许符合资格的队员和比赛官员可以留在比赛场地内。

规定

- 罚球点球决胜阶段踢球的规定次数。

	7人制	8人制	9人制
规定次数	3	3	4

- 双方球队轮流踢球。
- 每次踢球由不同的队员执行，直至双方符合资格的队员均踢过一

次后，同一名队员才可踢第二次。

• 在双方球队各踢完规定次数的罚球点球前，如果一方进球数已经超过另一方踢满规定次数可能的进球数，则不再继续执行罚球点球决胜程序。

• 在双方球队踢完规定次数的罚球点球后，如果进球数相同，则继续踢球，直到出现踢完相同次数时，一方比另一方多进一球的情况为止。

• 在全部队员踢完一次之后，接下来的踢球中均应遵从上述条款，但球队可以更换踢球队员顺序。

• 不得因一名有资格的队员离场而拖延罚球点球决胜。如果队员未及时返场踢罚球点球，则视为丧失本次踢球资格（罚失）。

提示

• 场上队员、替补队员或已替换下场的队员均可被警告（黄牌）或罚令出场（红牌）。

• 被罚令出场（红牌）的守门员必须由一名符合资格的队员替换。

• 除守门员外的其他符合资格的队员，如无法继续参加罚球点球决胜将不可被替换。

• 如果一方场上队员人数少于规定上场队员的最少人数，裁判员不得中止比赛。

CHAPTER 11 第十一章

越 位

1. 越位位置

提示

• 处于越位位置并不意味着构成越位犯规。

• 所有队员包括守门员的手和臂部不在越位位置判定范围内。判定越位时，臂部的上端边界定义为与腋窝底部齐平。

位置

• 处于越位位置的队员：

– 队员的头、躯干或脚的任何部分处在对方半场（不包含中线）。

– 队员的头、躯干或脚的任何部分较球和对方倒数第二名队员更接近于对方球门线。

• 不处于越位位置的队员：

– 队员与对方倒数第二名队员齐平。

– 队员与对方最后两名队员齐平。

• 所有队员包括守门员的手和臂部不在越位位置判定范围内。

2. 越位判罚

犯规

• 一名队员在同队队员传球或触球（第一接触点）的一瞬间处于越

位位置，该队员随后以下列方式参与了实际比赛，将被判罚越位犯规：

- 在同队队员传球或触球后得球或触及球，从而干扰了比赛。
- 干扰了对方队员，包括：
  a. 通过明显阻碍对方队员视线，以妨碍对方队员处理球，或影响其处理球的能力。
  b. 与对方队员争抢球。
  c. 有明显的试图触及近处的来球的举动，且该举动影响了对方队员。
  d. 作出影响对方队员处理球能力的明显举动。
- 在下列情况发生后触球或干扰对方队员，从而获得利益：
  a. 球从球门柱、横梁、比赛官员或对方队员处反弹或折射过来。
  b. 球从任一对方队员有意救球后而来。

•"救球"是指队员用除手/臂以外（守门员在本方罚球区内除外）的身体任何部位，阻止或试图阻止将要进入球门或极为接近球门的球。

不犯规

• 如果队员直接从下列情况得球，不存在越位犯规：

- 球门球。
- 掷界外球。
- 角球。

• 处于越位位置的队员在对方队员有意触球或故意手球之后得球，不被视为获得利益，除非对方球员属于有意救球。

3. 违规与处罚

• 如果出现越位犯规，裁判员在越位发生的地点判间接任意球，这包括发生在越位队员的本方半场。

• 就越位而言，未经裁判员许可离开比赛场地的防守队员，应视为处于球门线或边线上，直到比赛停止，或防守方已将球向中线方向处理且球已在防守方罚球区外。如果一名队员故意离开比赛场地，在比赛停止时，裁判员必须警告（黄牌）该名队员。

• 攻方队员为了不“卷入”实际比赛可以移动至比赛场地外或停留在比赛场地外。就越位而言，如果该攻方队员在随后比赛停止，或防守方已将球向中线方向处理且球已在防守方罚球区外之前，从球门线重新进入比赛场地内，并“卷入”实际比赛，应视其处于球门线上。未经裁判员许可故意离开比赛场地又重新回场的攻方队员，虽不被判罚越位，但从其位置获得了利益，裁判员必须警告（黄牌）该队员。

• 如果球进入球门时，一名攻方队员在球门柱之间的球门内保持不动，进球必须视为有效，除非该名队员越位或违反规则第十二章条款，这种情况下，裁判员以间接或直接任意球恢复比赛。

• 队员站在越位位置，或自越位位置移动到对方队员的行进路线中，干扰了对方队员向球的方向移动，影响了对方队员处理球或争抢球的能力时，应被判罚越位犯规。如果该队员向对方队员的行进路线中移动，阻碍了对方队员移动时（如阻挡对方队员），应按照第十二章条款判罚犯规。

• 处于越位位置的队员以控球为目的朝球的方向移动，在其触球或试图触球前，或与对方队员争抢球前被犯规，则应判罚犯规在先，该犯规发生在越位犯规之前。

• 处于越位位置的队员在已经触球或试图触球后，或已与对方队员争抢球后被犯规，则应判罚越位犯规在先，越位犯规发生在另一犯规之前。

CHAPTER 12 第十二章

犯规与不正当行为

1. 直接任意球

判罚原则

• 只有在比赛进行中的犯规或违规，才可判罚直接任意球或罚球点球。

• 如果是有身体接触的犯规，则判罚直接任意球。

基本概念

•“草率地”是指队员在争抢时没有预防措施，缺乏注意力或考虑。这种情况下的犯规不必给予纪律处罚。

•“鲁莽地”是指队员的行为没有顾及可能对对方造成的危险或后果。这种情况下的犯规必须给予警告（黄牌）。

• 使用过分力量是指队员使用了超出自身所需要的力量，危及了对方的安全。这种情况下的犯规必须将队员罚令出场（红牌）。

犯规类型

• 如果裁判员认为，一名队员草率地、鲁莽地或使用过分力量对对方队员犯有下列犯规中的任何一种，则判罚直接任意球：

- 冲撞。
- 跳向。
- 踢或企图踢。
- 推搡。

- 打或企图打。
- 用脚或其他部位抢截。
- 绊或企图绊。

• 如果队员犯有下列 5 种犯规中的任何一种，则判罚直接任意球：
  - 手球犯规（守门员在本方罚球区内除外）。
  - 使用手臂等部位拉扯、阻止对方队员行动。
  - 在身体接触的情况下阻碍对方队员移动。
  - 咬人或向任何人吐口水。
  - 向球、对方队员或比赛官员投掷物件，或用手中的物件触及球。

• 在球队名单内的队员及官员咬人或向他人吐口水。

• 竞赛规则第三章涉及的其他犯规行为。

手球

• 手球部位界定：
  - 在判定手球犯规时，臂部的上端边界定义为与腋窝底部齐平。
  - 并非接触队员的手/臂部都是手球犯规。

• 以下情况视为手球犯规：
  - 故意用手/臂部触球，如手/臂部向球移动的动作。
  - 当手/臂部触球时，手/臂部的位置使身体不自然的扩大。当一名队员的手/臂部的位置并非队员身体正常运动所自然形成，或非队员在特定情况下作出的合理动作，他的手/臂部将被视为不自然的扩大。手/臂部处于这样的位置，队员应承担被球击中并受到惩罚的风险。
  - 进球得分：
    a. 队员（包括守门员）手/臂部触球后，球直接进入对方球门，即使是意外手球。
    b. 队员手/臂部触球后立即进球得分，即使是意外手球。

• 在本方罚球区外，守门员和所有其他场上队员在手球上具有同等限制。如果守门员在本方罚球区内以犯规方式手球，将判罚间接任意球，不执行纪律处罚。但是，如果由守门员恢复比赛后，守门员在其他队员触球前犯有二次触球（无论是否使用手/臂部），而且该犯规行为阻止了一次有希望的进攻，或者破坏了对方的进球或明显的进球得分机会，则必须对守门员执行相应的纪律处罚。

2. 间接任意球

判罚原则

只有在比赛进行中的犯规或违规，才可判罚间接任意球。

基本概念

- 以危险方式进行比赛：
  - 指在尝试争球的过程中做出的任何动作，存在对对方（包括自己）造成伤害的危险，包括使附近的对方队员因为害怕受伤而不敢争抢球。
  - 剪刀腿或倒钩动作如果不会对对方造成危险，则允许使用。
- 在没有身体接触的情况下阻碍对方行进：
  - 阻碍对方行进是指当球不在双方的合理争抢范围时，移动至对方的行进路线上以阻碍、阻挡、减缓或迫使对方改变行进方向。
  - 所有队员有权在比赛场地内选择自己的位置。已处在对方行进路线上与移动至对方行进路线上是不同的概念。
  - 如果球在一名队员的合理争抢范围内，且其没有用臂部或身体阻拦对方队员争球，则该名队员可以在对方队员和球之间选好位置掩护球。如果球在双方的合理争抢范围内，队员可用合理冲撞的方式与对方争抢球。

犯规表象

- 如果一名队员犯有下列行为时，则判罚间接任意球：
  - 以危险方式进行比赛。

- 在没有身体接触的情况下阻碍对方行进。
- 以语言表示不满，使用攻击性、侮辱性或辱骂性的语言和/或动作，或其他口头的违规行为。
- 在守门员发球过程中，阻止守门员从手中发球，踢或准备踢球。
- 故意使用诡计用头、胸、膝盖的部位将球传给守门员（包括任意球和球门球情况）以逃避规则相关处罚条款，无论守门员是否用手触球，如果是守门员故意发起，将受到处罚。
- 犯有规则中没有提及的，又需裁判员停止比赛给予警告（黄牌）或罚令出场（红牌）的任何其他犯规或违规。

• 如果守门员在本方罚球区内犯有下列行为时，则判罚间接任意球：

- 在发出球前，用手/臂部控制球超过 6 秒。
- 在发出球后，其他队员触球前，用手/臂部触球。
- 在下列情况之后用手/臂部触球，除非守门员已经清晰地将球踢出或试图踢出：

  a. 同队队员故意将球踢给守门员。

  b. 接同队队员直接掷来的界外球。

• 守门员在用手控制球的情况下，对方不得与其争抢球，当出现下列情况时，应视为守门员用手控制球：

- 球在双手之间，或手与任何表面（如地面、自己的身体）之间，以及用手或臂部的任何部分触球，除非球从守门员身体上反弹出来，或守门员做出扑救的动作。
- 用伸展开的手持球。
- 向地面拍球或向空中抛球。

3. 纪律措施

• 裁判员从进入比赛场地进行赛前检查开始，至比赛结束（包括球点球决胜）离开比赛场地，均有权执行纪律措施。

• 如果场上队员或球队官员在开赛进入比赛场地前，犯有可被罚令出场的行为，裁判员有权阻止该队员或球队官员参加比赛，裁判员将就任何其他不正当行为向相关机构提交报告。

• 一名队员或球队官员，无论是在场内还是场外，犯有可被警告（黄牌）或罚令出场（红牌）的违规行为，均将受到相应的处罚。

• 只可对场上队员、替补队员、已替换下场的队员或球队官员执行警告（黄牌）或罚令出场（红牌）。

• 黄牌代表警告，红牌代表罚令出场。

4. 场上队员、替补队员和被替换下场的队员

因执行红黄牌而延误恢复比赛

• 一旦裁判员决定对队员给予警告（黄牌）或罚令出场（红牌），在处罚程序执行完成前，不得恢复比赛，除非在裁判员执行纪律处罚程序之前，被犯规球队快速发出任意球，并且出现清晰的进球得分机会。上述情况下，在接下来比赛停止时执行纪律处罚：

- 如果犯规行为属于破坏对方明显进球得分机会的情况，则执行警告（黄牌）。
- 如果犯规行为属于干扰或阻止了有希望的进攻，则不警告犯规队员。

有利

• 如果裁判员在出现可警告（黄牌）或罚令出场（红牌）的犯规时，没有停止比赛而掌握有利，则必须在随后比赛停止时执行该警告（黄牌）/罚令出场（红牌）。但如果该犯规行为属于破坏明显进球得分机会的情况，则以非体育行为警告（黄牌）相关队员。如果犯规行为属于干扰或阻止了有希望的进攻，则不警告犯规队员。

• 在出现严重犯规、暴力行为或可被第二次警告（黄牌）的犯规时不应掌握有利，除非有明显的进球机会。裁判员必须在随后比赛停止时将相关队员罚令出场（红牌），但如果该队员触球或与对方队员争抢或干扰对方队员，裁判员则停止比赛，将该队员罚令出场（红牌），并以

间接任意球恢复比赛，除非该队员出现了更严重的犯规。

• 如果防守队员在罚球区外就开始使用手臂等部位拉扯、阻止对方队员行动，并持续至罚球区内，则裁判员必须判罚球点球。

警告（黄牌）的犯规

• 场上队员：
  - 延误比赛恢复。
  - 以语言或行动表示不满。
  - 未经裁判员许可进入、重新进入或故意离开比赛场地。
  - 当比赛以坠球、角球、任意球或掷界外球恢复时，未退出规定距离。
  - 持续违反规则（对“持续”的定义并没有明确的次数和犯规类型的界定）。
  - 非体育行为。
  - 进入裁判员回看分析区域。
  - 过分地作出要求回看分析（比划电视屏幕）的信号。
• 替补队员或已替换下场的队员：
  - 延误比赛恢复。
  - 以语言或行动表示不满。
  - 非体育行为。
  - 进入裁判员回看分析区域。
  - 过分地作出要求回看分析（比划电视屏幕）的信号。
• 两个独立的可警告（黄牌）行为：
  - 如果队员出现两个独立的、可警告（黄牌）的犯规行为（即使发生在相距很近的时间或距离内），应执行两次警告（黄牌）。如一名队员未经裁判员允许擅自进入比赛场地，随后实施了一次鲁莽的犯规，此时该队员应被警告（黄牌）两次。
  - 同场比赛中被警告（黄牌）两次的队员将按照相关规定执行下一步处罚。
• 非体育行为：

- 试图用假装受伤或假装被犯规（佯装）欺骗裁判员。
- 在比赛进行中，未经裁判员许可与守门员互换位置。
- 以鲁莽的方式犯有可判罚直接任意球的犯规。
- 通过犯规或手球的方式干扰或阻止有希望的进攻。
- 通过任何犯规的方式干扰或阻止有希望的进攻，除非裁判员判了罚球点球而且犯规的意图是争抢球或触球。
- 在意图争抢球或触球时出现犯规，破坏对方明显进球得分机会，并被判罚球点球。
- 用手球的方式试图得分（无论进球与否）或阻止进球未果。
- 在比赛场地上制造未经许可的标记。
- 在经许可离场的过程中触球。
- 表现出对比赛缺乏尊重。
- 故意施展诡计用头、胸、膝盖等部位将球传给守门员（包括任意球情况）以逃避规则相关处罚条款，无论守门员是否用手触球。
- 在比赛进行中或比赛恢复时，用语言干扰对方队员。

• 庆祝进球：
  - 队员可以在进球得分后进行庆祝，但庆祝活动不得过度。不鼓励在庆祝进球时表演自编舞蹈，且这种庆祝不得过度浪费时间。
  - 离开场地庆祝进球无须给予警告（黄牌），但场上队员应尽快返场。
  - 队员必须被警告（黄牌）的行为（无论进球有效与否）：
    a. 攀爬上周围的围栏，并/或以可能引发安全和/或安保问题的方式接近观众。
    b. 作出挑衅、嘲讽或煽动性质的动作或表现。
    c. 用面具或类似器物遮住头部或面部。
    d. 脱去上衣或用上衣遮住头部。

• 延误比赛恢复：
  - 裁判员必须警告（黄牌）采用下列方式延误比赛恢复的队员：

a. 看似要掷界外球，但突然将球交给同队队员掷球。

b. 在被替换下场时延误离场时间。

c. 过度的拖延比赛恢复。

d. 在裁判员停止比赛后，故意将球踢走或拿走，引发冲突。

e. 在错误的地点踢任意球以造成重踢。

罚令出场（红牌）的犯规

• 场上队员、替补队员或已替换下场的队员犯有下列行为时，应被罚令出场（红牌）：

- 通过手球犯规破坏对方球队进球或明显的进球得分机会（守门员在本方罚球区内除外）。
- 通过可判罚任意球的犯规，破坏对方的进球或总体上朝犯规一方球门方向移动的明显的进球得分机会（本章下述“破坏进球或明显进球得分机会”中说明的相关情况除外）。
- 严重犯规。
- 咬人或向任何人吐口水。
- 暴力行为。
- 使用攻击性、侮辱性或辱骂性的语言和/或动作。
- 在同一场比赛中得到第二次警告（黄牌）。
- 进入视频操作室。

• 破坏进球或明显进球得分机会：

- 无论发生在何处，当队员用手球犯规破坏对方进球或明显进球得分机会时应被罚令出场（红牌）。
- 当队员在本方罚球区内对对方犯规，破坏了对方明显的进球得分机会，裁判员判罚球点球。如果是在意图争抢球时造成犯规，则警告（黄牌）犯规队员。除此之外的所有犯规（如拉拽、推搡、没有触球的可能性等情况），必须将犯规队员罚令出场（红牌）。
- 场上队员、已被罚令出场（红牌）的队员、替补队员或已替换下场的队员，未经裁判员许可进入比赛场地内，干扰了比赛或对方队员，并破坏对方球队进球或明显进球得分机会的行为，应视为可被罚令出场（红牌）的犯规。
- 判断破坏进球或明显进球得分机会时必须考虑下列情况：
  a. 犯规发生地点与球门之间的距离。
  b. 比赛发展的大致方向。
  c. 控制球或得到控球权的可能性。
  d. 防守队员的位置和人数。

• 严重犯规：
- 危及对方队员安全或使用过分力量、野蛮方式的抢截，必须视为严重犯规加以处罚。
- 任何队员用单脚或双脚从对方身前、侧向或后方、使用过分的力量或危及对方安全的蹬踹动作，应视为严重犯规。

• 暴力行为：
- 暴力行为是指队员的目的不是争抢球，而是对于对方队员或同队队员、球队官员、比赛官员、观众或任何其他人，使用或企图使用过分力量或野蛮动作，无论是否与他人发生身体接触。
- 除此之外，队员的目的不是争抢球，而是故意用手或臂部击打对方队员，以及任何其他人的头或面部时，应视为暴力行为，除非他使用的力量非常轻微，足以忽略。

• 被罚令出场（红牌）的场上队员、替补队员或已替换下场的队员，必须离开比赛场地周边区域及技术区域。

暂时罚离出场的犯规

• 规则一：针对所有警告（黄牌）执行暂时罚离。
- 所有受到警告（黄牌）的队员将被暂时罚离。
- 在同一场比赛中受到第二次警告（黄牌）的队员应遵照：
  a. 执行第二次暂时罚离，并且不得再次参与本场比赛。
  b. 如果其球队的替换次数尚未用完，可以在第二次暂时罚离时段结束时，被替补队员替换（这是因为受罚队员所在的球队已经在两个暂时罚离阶段受到了少一人的“惩罚”）。

- *规则二：针对部分警告（黄牌）执行暂时罚离。*
  - *基本原则：*
    - *a. 需事先将被执行暂时罚离的警告（黄牌）情况列出。*
    - *b. 除此之外的情况仍然执行警告（黄牌）。*
    - *c. 竞赛方应在竞赛规程中注明详情。*
  - *基本方案：*
    - *a. 已经受到过暂时罚离处罚的队员，在同一场比赛中再受到警告（黄牌），将继续比赛。*
    - *b. 已经受到过警告（黄牌）的队员，在同一场比赛中再受到暂时罚离处罚，在罚离时段结束后，将继续比赛。*
    - *c. 在同一场比赛中受到两次暂时罚离处罚的队员，不得再次参与本场比赛，但如果其球队的替换次数尚未用完，则在第二次暂时罚离时段结束时，该队员可以被替补队员替换。但如果该受罚队员已经受到过非暂时罚离的警告（黄牌），则不得被替代/替换。*
    - *d. 在同一场比赛中受到两次警告（黄牌）的队员将被罚令出场（红牌），不得再次参与本场比赛，也不得被替代/替换。*

5. 球队官员

劝诫（口头警告）的犯规

- 以有礼貌/非对抗的态度进入比赛场地。
- 不配合比赛官员。如无视助理裁判员或其他比赛官员的管理。
- 轻微/较低程度的（以语言或行动）对判罚决定表示异议。
- 偶尔离开技术区域，且无其他犯规行为。

警告（黄牌）的犯规

- 清晰/持续的违反技术区域的限制。
- 延误本方球队恢复比赛。
- 故意进入对方技术区域（非对抗性的）。

- 以语言或行动表示异议，包括：
  - 扔/踢饮料容器或其他物件。
  - 作出明显对比赛官员缺乏尊重的动作，如讽刺性的鼓掌等。
- 进入裁判员回看分析区域。
- 过分/持续地作出应出示红黄牌的动作。
- 过分地作出要求回看分析（比划电视屏幕）的信号。
- 作出挑衅或煽动性的动作或行为。
- 持续作出不可接受的行为。
- 表现出对比赛缺乏尊重。

罚令出场（红牌）的犯规

- 延误对方球队恢复比赛。如持球、将球踢走、妨碍队员的移动等。
- 故意离开技术区域并且：
  - 抗议或指责比赛官员。
  - 表现出挑衅或嘲讽的态度。
- 以侵略性或对抗性的态度故意进入对方技术区域。
- 故意向场内扔/踢物件。
- 进入比赛场地并且：
  - 与比赛官员进行对抗（包括在半场及全场比赛结束时）。
  - 干扰比赛、对方队员或比赛官员。
- 进入视频操作室。
- 对对方场上队员、替补队员、球队官员、比赛官员、观众或任何其他人（如球童、安保人员或竞赛官员等）实施肢体侵犯或侵略性行为（包括吐口水或咬人）。
- 在一场比赛中受到第二次警告（黄牌）。
- 使用攻击性、侮辱性或辱骂性的语言和/或动作。
- 使用未经授权的电子或通信设备和/或在使用电子或通信设备时做出不当行为。
- 暴力行为。

无法辨别身份的犯规

如果无法准确辨别是哪名球队官员犯规，则该犯规行为及纪律处罚将由该队技术区域内最高职位的教练员承担。

投掷物件（或比赛用球）的犯规

裁判员根据事件情况做出恰当的纪律处罚：

- 以鲁莽的方式实施犯规，将以非体育行为警告（黄牌）犯规人员。
- 使用过分力量实施犯规，将以暴力行为罚令（红牌）犯规人员离场。

6. 犯规与不正当行为出现后的比赛恢复方式

比赛已停止后的恢复方式

如果比赛此前已经停止，则以之前的决定恢复比赛。

比赛进行中的恢复方式

• 场上队员在比赛场地内，以身体行为对下列人员实施犯规：

- 对方场上队员：
  a. 直接任意球。
  b. 间接任意球。
  c. 罚球点球。
- 同队队员、替补队员、已替换下场或已被罚令出场（红牌）的队员、球队官员或比赛官员：
  a. 直接任意球。
  b. 罚球点球。

• 场上队员在比赛场地外，对比赛官员或对方场上队员、替补队员、已替换下场或已被罚令出场（红牌）的队员、球队官员实施犯规。

• 替补队员、已替换下场或已被罚令出场（红牌）的队员、球队官员在比赛场地外对对方场上队员或比赛官员实施犯规或造成了干扰，应：

- 在距离犯规/干扰地点最近的场地边界线上以任意球恢复比赛。
- 如果该地点位于犯规方罚球区内且该犯规可被判罚直接任意球，则判罚球点球。

• 场上队员在比赛场地外，对同队场上队员、替补队员、已替换下场的队员或球队官员犯规，应：

- 在距离犯规发生地点最近的场地边界线上以间接任意球恢复比赛。

• 所有口头犯规行为。

- 以间接任意球恢复比赛。

• 如果裁判因队员在场内或场外对场外因素的犯规行为而停止比赛，将以坠球恢复比赛，除非是因未经裁判许可擅自离开场地的行为则以任意球恢复。

手持物件犯规后的恢复方式

• 如果队员使用手中的物件（如鞋、护腿板等）触球，应：

- 以直接任意球或罚球点球恢复比赛。

• 如果处于比赛场地内或比赛场地外的场上队员，向对方场上队员投掷或踢（除比赛用球外的）物件，或向对方替补队员、已替换下场或已被罚令出场（红牌）的队员、球队官员、比赛官员或比赛用球投掷或踢物件（包括比赛用球），应：

- 在相关人员或比赛用球被物件击中或可能被击中的地点以直接任意球恢复比赛。
- 如果该地点在比赛场地外，则在距离该地点最近的边界线上以直接任意球恢复比赛。
- 如果发生在犯规方罚球区内，则以罚球点球恢复比赛。

• 如果替补队员、已替换下场或已被罚令出场（红牌）的队员，以及暂时离场的场上队员或球队官员向比赛场地内投掷或踢出物件并干扰了比赛、对方队员或比赛官员，应：

- 在该物件干扰比赛地点，或对方队员、比赛官员、比赛用球被击中或可能被击中的地点，以直接任意球或罚球点球恢复比赛。

CHAPTER 13 第十三章

任意球

1. 任意球

判罚原则

当场上队员、替补队员、已替换下场的队员、已被罚令出场（红牌）的队员或者球队官员犯规或违规时，判由对方球队踢直接任意球或间接任意球。

基本概念

• 直接任意球是指队员将任意球直接踢入对方球门后，被判定为进球有效的一种进攻方式。

• 间接任意球是指队员将任意球踢出后，需经过其他队员触及并进入对方球门后，被判定为进球有效的一种进攻方式。

示意信号

• 直接任意球：
  - 裁判员单臂侧和/或前平举，指示发球方向。

• 间接任意球：
  - 裁判员单臂上举过头，示意间接任意球，并保持这种姿势直到球踢出后被其他队员触及、比赛停止或球已经明显不可能直接进入球门为止。
  - 如果裁判员未正确示意间接任意球信号，而球被直接踢入球门，则必须重踢间接任意球。

球进门

- 如果直接任意球直接踢入对方球门，则判为进球得分。
- 如果间接任意球直接踢入对方球门，则判为球门球。
- 如果直接或间接任意球直接踢入本方球门，则判为角球。

2. 程序

球

- 球必须放定，且踢球队员不得在其他队员触及球前再次触球。
- 当球被踢且明显移动，则为比赛恢复。

位置

- 在比赛恢复前，所有对方队员必须：
  - 距离球至少 6 米，除非他们已经处在本方球门柱之间的球门线上。
  - 队员在本方罚球区内踢任意球时，对方队员应处在该罚球区外。
  - 当守方组成“人墙”的队员人数为 2 人或 2 人以上时，攻方队员必须距离“人墙”至少 1 米，直至比赛恢复。

规定

- 所有任意球均应在犯规或违规的地点执行踢球，但下列情况除外：
  - 攻方球队在对方球门区内获得的间接任意球，应在与球门线平行，距离犯规地点最近的球门区线上执行踢间接任意球。
  - 守方球队在本方球门区内获得的任意球可在球门区内的任意地点执行。
  - 场上队员未经裁判员允许进入、重新进入或离开比赛场地而被判罚的任意球，应在比赛停止时球所在地点执行。如果一名场上队员在比赛场地外犯规，则应在距离犯规发生地点最近的边界线上以任意球恢复比赛。如果该地点位于犯规方罚球区内，且该犯规可被判罚直接任意球，则判罚球点球。

- 涉及规则规定的其他地点（见第三章、第十一章、第十二章）。

• 任意球可以用单脚或双脚同时挑起的方式踢出。

• 作为比赛的一部分，允许使用假动作踢任意球迷惑对方。

• 如果一名队员在以正确的方式踢任意球的过程中，故意将球踢向对方以再次获得球权，但并未使用草率的、鲁莽的或过分的力量，裁判员允许比赛继续。

3. 违规与处罚

• 踢任意球时，如果对方队员距离球不足规定距离，除非可掌握有利，否则应重踢任意球。如果队员快速踢出任意球，随后距离球不足 6 米的对方队员将球截获，裁判员允许比赛继续。然而，故意阻止对方快速发球的队员必须以延误比赛恢复给予警告（黄牌）。

• 当任意球踢出时，一名进攻队员距离防守方 2 人或 2 人以上组成的“人墙”不足 1 米，将被判罚间接任意球。

• 守方队员在本方罚球区内快速踢出任意球时，如果对方队员未来得及离开罚球区，裁判员允许比赛继续。在踢任意球时，处在罚球区内的对方队员，或在比赛恢复前进入罚球区的对方队员，在比赛恢复前触及球或争抢球，应重踢任意球。

• 如果比赛已经恢复，踢球队员在其他队员触及球前再次触球，则判罚间接任意球。如果踢球队员手球犯规，应：

- 判罚直接任意球。
- 如果犯规情况发生在踢球队员本方罚球区内，则判罚球点球。除非踢球队员为守门员，这种情况下判罚间接任意球。

CHAPTER 14 第十四章

罚球点球

1. 罚球点球

判罚原则

队员在本方罚球区内，或如第十二章、第十三章已明确的正常比赛移动中离开比赛场地后，犯有可判罚直接任意球的犯规，则判罚球点球。

球进门

罚球点球可以直接踢入球门得分。

2. 程序

球

• 球必须放定在罚球点上。

• 主罚队员必须向前踢球。允许使用脚后跟踢球，只要球向前移动。

• 当球被踢且明显移动，即为比赛恢复。

• 主罚队员在其他队员触及球前不得再次触球。

• 当球停止移动，离开比赛场地，或因发生任何违反规则的情况而裁判员停止比赛时，即为罚球完成。

位置

- 主罚队员和守方守门员以外的其他队员必须：
  - 在比赛场地内。
  - 在罚球区以外。
  - 在罚球点以后。
  - 距离罚球点至少 6 米。
- 守方守门员必须：
  - 处于球门柱之间的球门线上，面向主罚队员，且不可碰触球门立柱、横梁或球网，直至球被踢出。
  - 在球被踢出时，守方守门员必须至少一只脚的一部分接触着球门线，或者与球门线齐平。

规定

- 球门立柱、横梁和球网不能移动。
- 必须清晰指定主罚的队员。
- 场上队员的位置符合规则规定后，裁判员应示意执行罚球点球。
- 在上下半场或加时赛上下半场结束时，允许补足时间以完成罚球点球程序。进行补时时，当球踢出后停止移动、离开比赛场地、除守方守门员外的其他任何队员（包括主罚队员）触球，或因主罚队员、主罚的一方犯规而裁判员停止比赛时，视为罚球点球程序完成。如果守方队员（包括守门员）犯规，且罚球点球未进/扑出，应重踢罚球点球。

3. 违规与处罚

比赛恢复前

- 主罚队员或同队队员犯规：
  - 如果球进门，则重踢罚球点球。
  - 如果球未进门，则裁判员停止比赛，以间接任意球恢复比赛。
- 下列情况，无论进球与否裁判员将停止比赛，以间接任意球恢复比赛：

- 向后踢罚球点球。
- 已确认的主罚队员的同队队员踢罚球点球，裁判员应警告（黄牌）该名罚球队员。
- 主罚队员在完成助跑后用假动作踢球（在助跑过程中使用假动作是允许的），裁判员警告（黄牌）该名队员。

• 守门员犯规：

- 如果球进门，则进球得分有效。
- 如果球未踢中球门范围或从门框弹出，则仅当守门员的犯规行为明显的影响了主罚队员的情况下，才执行重踢。
- 如果球被守门员扑救而未进门，则重踢。
- 如果守门员是首次犯规，则对其实施劝诫，之后其所有犯规均需执行警告（黄牌）。

• 守门员的同队队员犯规：

- 如果球进门，进球得分有效。
- 如果球未进门，应重踢罚球点球。

• 如果双方队员犯规，应重踢罚球点球。除非某一队员犯规的程度更重（如使用不合法的假动作）：

- 如果守门员与主罚队员同时犯规，警告（黄牌）主罚队员，以防守方踢间接任意球恢复比赛。

• 一旦裁判员示意执行罚球点球，球必须踢出，如果未踢出，裁判员可以在再次示意踢球之前执行纪律处罚。

比赛恢复后

• 主罚队员在其他队员触及球前再次触球，应：

- 判罚间接任意球（或因手球犯规而判罚直接任意球）。

• 球在向前移动过程中被场外因素触及，应：

- 应重踢罚球点球。但如果球将要进门时，干扰因素没有阻止防守队员处理球，随后球进门，则视为进球有效（即使干扰因素与球发生接触），除非干扰因素是来自攻方球队。

• 球从守门员身体、横梁或球门柱弹回比赛场地内，随后被场外因素触及，应：

– 裁判员停止比赛。

– 在被场外因素触及的地点以坠球恢复比赛。

罚球点球结果概要

犯规类型	进球	未进球
攻方队员提前进入	重踢罚球点球	间接任意球
守方队员提前进入	进球有效	重踢罚球点球
双方队员提前进入	重踢罚球点球	重踢罚球点球
守门员犯规	进球有效	未扑救：不重踢（除非主罚队员受到影响） 扑救：重踢罚球点球，劝诫守门员；警告守门员后续的犯规行为
向后踢罚球点球	间接任意球	间接任意球
不合法使用假动作	间接任意球并警告主罚队员	间接任意球并警告主罚队员
非主罚队员执行踢球	间接任意球并警告该犯规队员	间接任意球并警告该犯规队员
主罚队员与守方守门员同时犯规	间接任意球并警告主罚队员	间接任意球并警告主罚队员

CHAPTER 15 第十五章

掷界外球

1. 掷界外球

判罚原则

当球的整体从地面或空中越过边线时，由最后触球队员的对方以手掷界外球的方式恢复比赛。

球进门

- 界外球不能直接掷入球门得分。
- 如果球直接掷入对方球门，则判为球门球。
- 如果球直接掷入本方球门，则判为角球。

2. 程序

球

- 当球掷入比赛场地内，即为恢复。
- 在球进入比赛场地之前，如果球接触地面，则由同一队在相同地点重新掷界外球。
- 掷球队员在其他队员触及球前不得再次触球。

位置

- 在掷出球的瞬间，掷球队员必须：
  - 面向比赛场地站立。

– 任何一只脚的一部分在边线上或在边线外的地面上。

– 在球离开比赛场地的位置，用双手将球从头后经头顶掷出。

• 所有对方队员必须站在距离应掷球的地点所对应的边线上的位置至少 2 米的位置。

规定

• 如果未依照正确程序掷界外球，则由对方掷界外球。

• 如果一名队员以正确的方式，故意将球掷向对方队员以再次触球，但并未使用草率的、鲁莽的方式或过分力量，裁判员允许比赛继续。

3. 违规与处罚

• 如果比赛已经恢复，掷球队员在其他队员触及球前再次触球，则判罚间接任意球。

• 如果掷球队员手球犯规，应：

– 判罚直接任意球。

– 如果犯规情况出现在掷球队员本方罚球区内，则判罚球点球。除非掷球队员为守门员，这种情况下判罚间接任意球。

• 对方队员通过不正当的方式干扰或阻碍掷球队员（包括移动至距离掷球位置少于 2 米的地点）应以非体育行为给予警告（黄牌），如果界外球已被掷出，则判罚间接任意球。

• 对于其他任何违反本章条款的情况，应由对方队员掷界外球。

CHAPTER 16 第十六章

球门球

1. 球门球

判罚原则

• 当球的整体从地面或空中越过球门线，而最后触球方为攻方，且并未发生球进门，则由守方以踢球门球的方式恢复比赛。

球进门

• 球门球可以直接踢入对方球门得分。
• 如果球门球直接踢入本方球门，则判对方踢角球。

2. 程序

球

• 球必须放定，由守方球队中的一名场上队员在球门区内任意位置踢球。
• 当球被踢且明显移动，即为比赛恢复。

位置

对方队员必须处于罚球区外直到比赛恢复。

3. 违规与处罚

- 如果比赛已经恢复，踢球队员在其他队员触及球前再次触球，则判罚间接任意球。

- 如果踢球队员手球犯规，应：
  - 判罚直接任意球。
  - 如果犯规情况出现在踢球队员本方罚球区内，则判罚球点球。除非踢球队员为守门员，这种情况下判罚间接任意球。

- 如果球门球踢出时，对方队员因没有时间离开而处于罚球区内，裁判员允许比赛继续。在踢球门球时处于罚球区内的对方队员，或在比赛恢复前进入罚球区的对方队员，在比赛恢复前触及球或争抢球，应重踢球门球。

- 在比赛恢复前，如果队员进入罚球区内，对对方队员或被对方队员犯规，应重踢球门球。依据犯规情况，犯规队员可被警告（黄牌）或罚令出场（红牌）。

- 对于其他任何违反本章条款的情况，应重踢球门球。

CHAPTER 17 第十七章

角　球

1. 角球

判罚原则

当球的整体从地面或空中越过球门线，而最后触球方为守方，且并未发生球进门，则由攻方以踢角球的方式恢复比赛。

球进门

- 角球可以直接踢入对方球门得分。
- 如果角球直接踢入本方球门，则判对方踢角球。

2. 程序

球

- 球必须放定在球越过球门线时最接近的角球区内。
- 球必须放定于角球区内，由攻方球队中的一名场上队员踢球。
- 当球被踢且明显移动时，即为比赛恢复。无须将球踢出角球区。

位置

对方队员必须距离角球弧至少 6 米，直到比赛恢复。

规定

不得移动角旗杆。

3. 违规与处罚

• 如果比赛已经恢复，踢球队员在其他队员触球前再次触球，则判罚间接任意球。

• 如果踢球队员手球犯规，应：

- 判罚直接任意球。
- 如果犯规情况出现在踢球队员本方罚球区内，则判罚球点球。除非踢球队员为守门员，这种情况下判罚间接任意球。

• 如果一名队员在以正确方式踢角球的过程中，故意将球踢向对方队员以再次获得球权，但并未使用草率的、鲁莽的方式或过分的力量，裁判员允许比赛继续。

• 对于其他任何违反本章条款的情况，应重踢角球。

PART 02

第二部分

裁判方法

CHAPTER 01 第一章

比赛官员的信号

1. 裁判员

需要鸣哨的几种情况

• 常规时间及加时赛比赛开始（上、下半场）、进球后重新开始比赛时需要鸣哨。

• 裁判员责令比赛停止时需要鸣哨。

• 比赛重新开始时需要鸣哨：

- 踢罚球点球时。
- 踢任意球时，裁判员为组织防守队员退出规定距离，示意进攻队员在踢任意球时，需听从裁判员鸣哨后方可踢球恢复比赛的行为。

• 比赛在规定的时间段内结束时（常规时间及加时赛）需要鸣哨。

• 因下列原因停止比赛后重新开始：

- 出示红、黄牌后。
- 处理受伤队员后。
- 替换队员后。

• 除上述几种情况外，如果球出边界线或进入球门后造成比赛停止，以及掷界外球、踢任意球、球门球、角球、裁判员坠球等重新开始比赛时，可不必鸣哨。

鸣哨的种类及要求

• 示意哨声：

- 中圈发球。裁判员的哨音应洪亮，持续时长应保持在一段时间范围内，以达到提示所有人员进入比赛状态为目的。
- 阶段比赛结束。裁判员的哨音应呈现出高低错落的“波浪式”间隔音调，通常以两短一长的形式完成，具有“如释重负”的表现特征。
- 重新开始比赛。裁判员的哨音应根据赛场环境状况调节音量，尽可能地达到让场上较多的队员能够接收到声音信息的程度。
- 纠正及提示。裁判员的哨音应呈现出短促的“爆发式”间隔音调，以达到提示运动员引起注意为目的。

• 判罚哨声：
- 一般犯规。裁判员的哨音应清脆有力，强弱适中，表现出裁判员判罚犯规的坚决性和果断性。
- 严重犯规。裁判员的哨音应洪亮并在一段时间内保持音量分贝，传递出裁判员对犯规行为及程度的一种认知态度。

手势的种类及动作要求（见竞赛规则第五章）

• 直接任意球：单臂侧平举，指示进攻方向。

• 间接任意球：单臂上举，掌心向前。此手势应持续到球踢出后被其他队员触及、比赛停止或球已经明显不可能直接进入球门为止。

• 角球：
- “单裁判员”制：单臂45°斜上举，掌心向下，指向角球区。此手势在应用的过程中应把握同侧原则，切记异侧使用。
- *“双裁判员”制：面向场内，右臂45°侧斜下指，掌心向下，指向邻近一侧的角球区。*

• 球门球：
- “单裁判员”制：单臂45°斜下指，掌心向下，指向球门区。通常情况下以左侧手臂示意信号。
- *“双裁判员”制：面向场内，右臂45°前斜下指，掌心向下，指向球门区。*

• 有利：单臂前伸、双臂前伸，掌心向上微微翻起，指示进攻方向。

• 罚球点球：

–“单裁判员”制：单臂前伸，用手指指向罚球点。通常情况下以“食指”示意信号。

–*“双裁判员”制：面向场内，一臂前斜下指，掌心向下，另一臂侧平举，指示进攻方向。*

• 界外球：

–“单裁判员”制：单臂侧平举，指示进攻方向。

–*“双裁判员”制：面向场内，单臂45°侧斜上举，指示进攻方向。*

• *越位犯规：*

–*“双裁判员”制：面向场内，右手单臂上举，鸣哨令比赛停止后，右臂45°前斜下指，示意近端越位；右臂前平举，示意中端越位；右臂45°前斜上举，示意远端越位。*

• 纪律处罚：单手持牌，面向被处罚对象，将红黄牌举过头顶。

• 查看：一手指向耳部，另一手臂张开。通常情况下，伸出的手臂用于示意队员不要靠近，并起到隔离队员并保持与队员之间的距离。

• 回看分析：双手做出电视屏幕的示意信号动作。

2. 助理裁判员

“单裁判员”制助理裁判员旗示的种类及动作要求（图示见竞赛规则第六章）

• 界外球：面向场内，手部持旗45°侧斜上举，指示界外球发出方向。右手表示攻方球队掷界外球；左手表示守方球队掷界外球。

• 角球：面向场内，右手持旗，侧斜下方指向邻近一侧的角球区。应尽可能地做到靠近角球区位置完成旗示。

• 球门球：面向场内，右手持旗前平举，指向踢球门球的球门区。应尽可能地做到靠近球门线位置完成旗示。

• 协助判罚：面向场内，手部持旗上举并晃动手中的旗帜，待裁判员令比赛停止后，持旗45°侧斜上举，指示进攻方向。右手示意守方球队犯规，左手示意攻方球队犯规。旗帜晃动时应做到快速且幅度不易过大。

• 替换队员：面向场内，双手持旗两端，待比赛停止后，用双手将旗横举过于头顶位置，示意某队请求换人。

• 越位犯规：面向场内，右手持旗上举，待裁判员令比赛停止后，持旗45°前斜下举，示意近端越位；持旗前平举，示意中端越位；持旗45°前斜上举，示意远端越位。

"双裁判员"制助理裁判员示意信号的种类及动作要求（图示见竞赛规则第六章）

• "双裁判员"制比赛中，助理裁判员所担任的工作职责与"单裁判员"制比赛中的"第四官员"相同，示意信号工具为"换人牌"。

• 替换队员：面向场内，双手持换人牌两端，待比赛停止后，用双手将换人牌举过头顶位置，示意某队换人。可通过旋转身体，增大换人牌的示意角度，使两侧观众能够看到展示内容。

• 补时：通过举换人牌的形式示意补时时间，工作内容与要求同替换队员。

• 在举牌示意换人时，通常绿色数字代表替换入场队员，红色数字代表替换离场队员。补时则用显著颜色的数字代表。

3. 第四官员

使用换人牌的种类及动作要求（图示见竞赛规则第六章）

同"双裁判员"制比赛中的助理裁判员内容。

CHAPTER 02 第二章

比赛官员的选位

1. “单裁判员” 制的选位

中圈发球

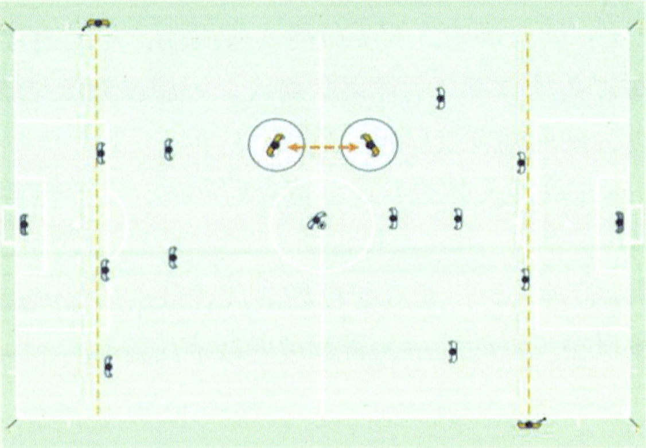

- 裁判员：
  - 应选择进攻方向及比赛球的左侧区域站立，根据球踢出后的路线和位置与助理裁判员保持最佳角度的视线联系。
  - 与踢球队员应保持适当距离，不易较近，以免被球击中。
  - 应洞察踢球队员的意图，通过前、后（上、下）移动提前选择位置，避免阻碍传球路线，继而影响比赛恢复进程。
- 助理裁判员：
  - 应位于边线外，面向比赛场地并选择最佳角度将场上队员、比赛球及裁判员纳入视线范围以内。

- 与倒数第二名防守队员保持齐平位置。

任意球

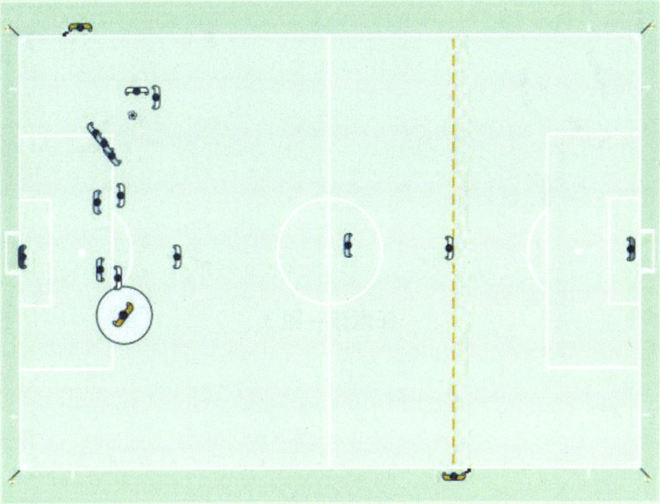

任意球—图 1

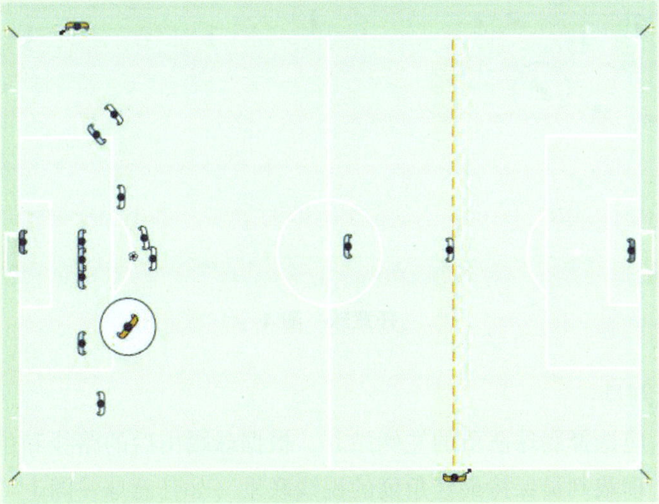

任意球—图 2

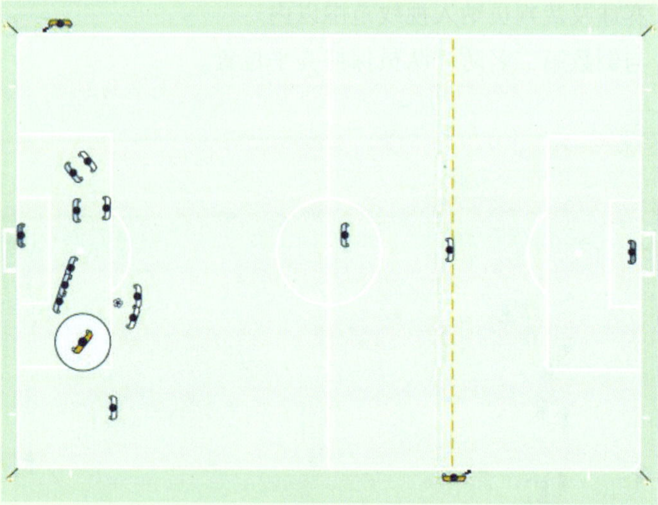

任意球—图 3

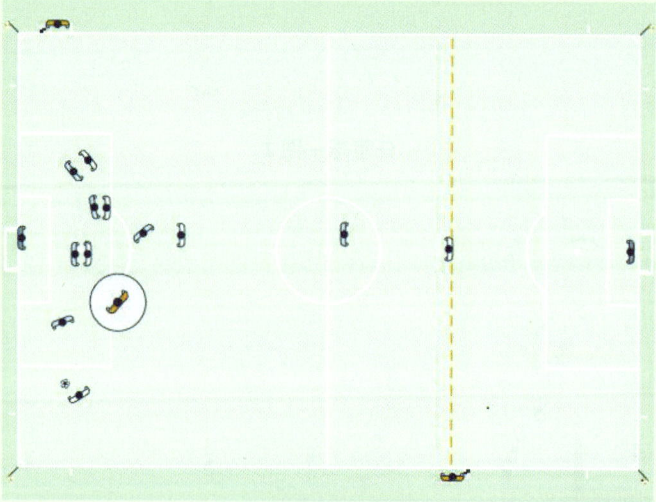

任意球—图 4

- 裁判员：
  - 应选择踢球队员的左侧站立，根据球踢出后的路线和位置与助理裁判员保持最佳角度的视线联系（如任意球—图 1 ~ 图 3）。
  - 与踢球队员保持适当距离，在不影响踢球队员行动的情况下，力争将踢球队员、防守“人墙”、攻守双方队员、助理裁判员均纳入视线范围以内。

- 当任意球位置位于进攻方左侧、罚球区外，且远离双方队员争夺的“焦点”区域时，裁判员可选择踢球队员右侧，并接近“焦点”区域位置观察（如任意球—图 4）。

• 助理裁判员：

- 应面向比赛场地内，选择最佳角度将场上队员、比赛球及裁判员纳入视线范围以内。
- 与倒数第二名防守队员保持齐平位置。
- 时刻关注倒数第二名防守队员人员轮换，紧跟处于倒数第二名防守队员的位置。

角球

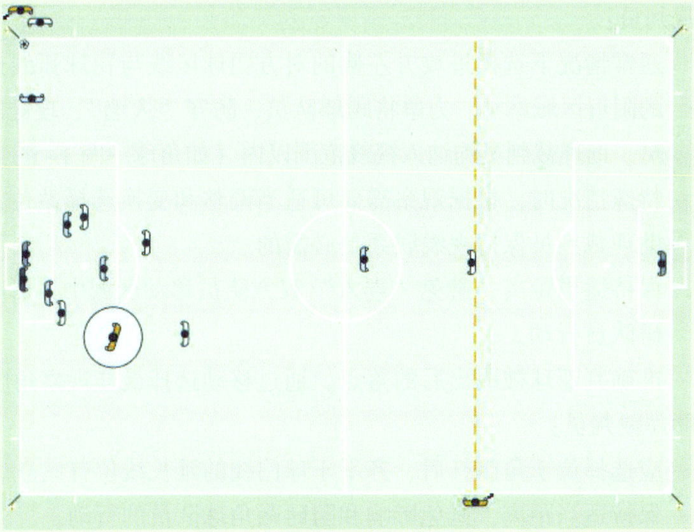

角球—图 1

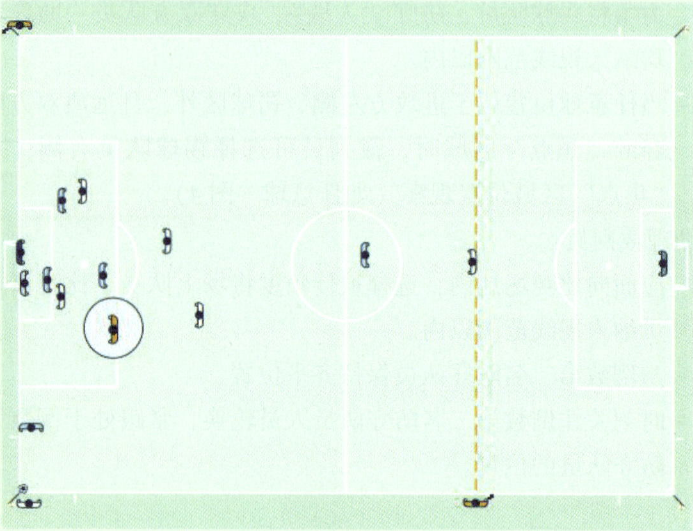

角球—图 2

- 裁判员：
  - 通常情况下选择进攻方左侧的对方罚球区线与罚球弧线连接处的附近区域站立。力争将踢球队员、防守“人墙”、攻守双方队员、助理裁判员均纳入视线范围以内（如角球—图 1~图 2）。
  - 特殊情况时，根据观察需要可适当调整和变换选择站位，但与助理裁判员保持视线联系是必需的。
  - 保持适当距离，避免“卷入”双方队员移动区域中，影响和阻碍队员行动。
  - 准确判断球被踢出后的落点，通过移动选择最佳观察角度。
- 助理裁判员：
  - 应选择位于角旗杆后、齐平于球门线的延长线位置站立。
  - 保持适当距离，避免影响和阻碍踢角球队员的行动。
  - 时刻关注倒数第二名防守队员人员轮换，紧跟处于倒数第二名防守队员的位置。

球门球

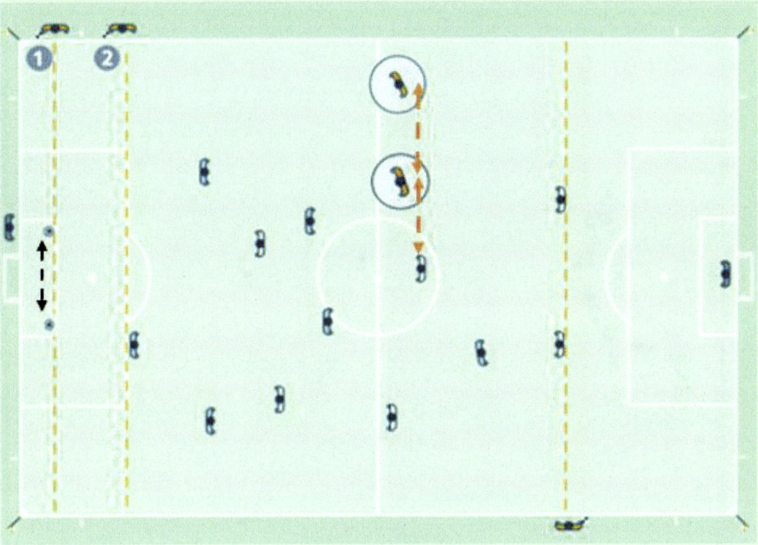

球门球—图 1

- 裁判员：

  - 应选择进攻方向及比赛球的左侧区域站立，根据球踢出后的路线和位置与助理裁判员保持最佳角度的视线联系。
  - 根据球在球门区内的摆放位置，通过横向移动调整站位。
  - 准确判断球被踢出后的落点，通过移动选择最佳观察角度。

- 助理裁判员：

  - 应选择齐平于球门区线的位置站立，观察球的摆放位置是否符合规定（如球门球—图 1 中标 ① 的位置）。
  - 在确保符合规定的情况下，选择齐平与踢球方倒数第二名防守队员的位置站立（如球门球—图 1 中标 ② 的位置）。

罚球点球

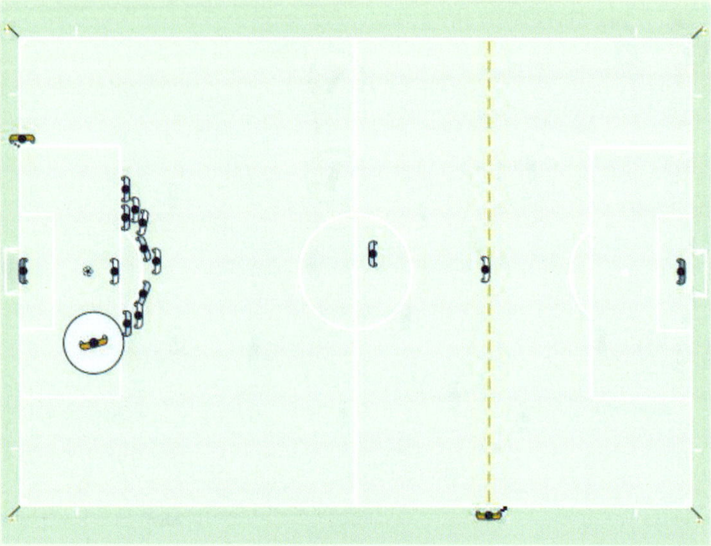

罚球点球—图 1

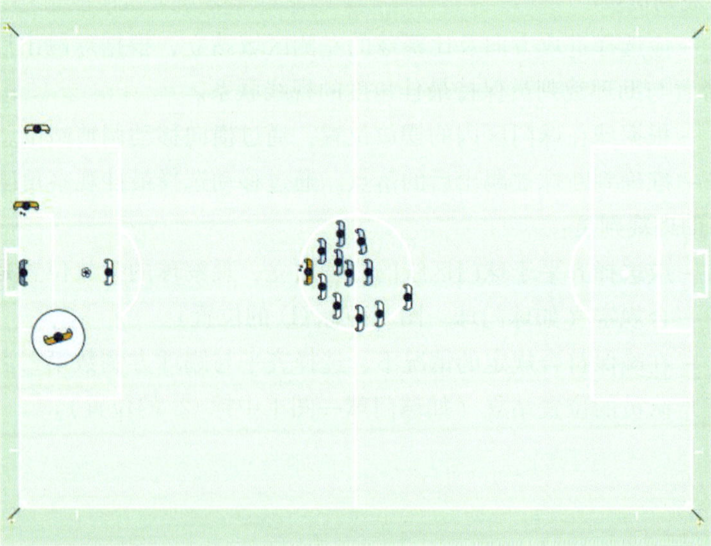

罚球点球—图 2

- 裁判员：
  - 常规比赛时间内（如罚球点球—图 1）：
    a. 选择踢球队员的左侧站立，力争将踢球队员、攻守双方队员、助理裁判员纳入视线范围以内。
    b. 根据需要，在不影响和阻碍双方队员行动的情况下，可适当移动至罚球区线附近，便于准确观察和判断队员是否提前进入罚球区内。
  - 罚球点球决胜时（如罚球点球—图 2）：
    a. 选择踢球队员的左侧站立，力争将踢球队员、双方守门员、助理裁判员纳入视线范围以内。
    b. 根据需要，在不影响和干扰踢球队员及守门员行动和视线的情况下，可选择球门区右上角区域外站立。
- 助理裁判员：
  - 常规比赛时间内（如罚球点球—图 1）：
    a. 选择守方罚球区左下角区域的罚球区线与球门线连接处，齐平于球门线的位置站立。
    b. 力争将踢球队员、守门员、裁判员纳入视线范围以内。重点关注守门员的站位是否符合规定。
    c. 当球被挡后重新进入比赛场内时，应快速移动至边线处，并保持齐平与球或倒数第二名防守队员的位置。
  - 罚球点球决胜时（如罚球点球—图 2）：
    a. 选择球门区左下角区域的球门区线与球门线连接处，齐平于球门线的位置站立。
    b. 力争将踢球队员、守门员、裁判员纳入视线范围以内。重点关注守门员的站位是否符合规定。

2. “双裁判员” 制的选位

中圈发球

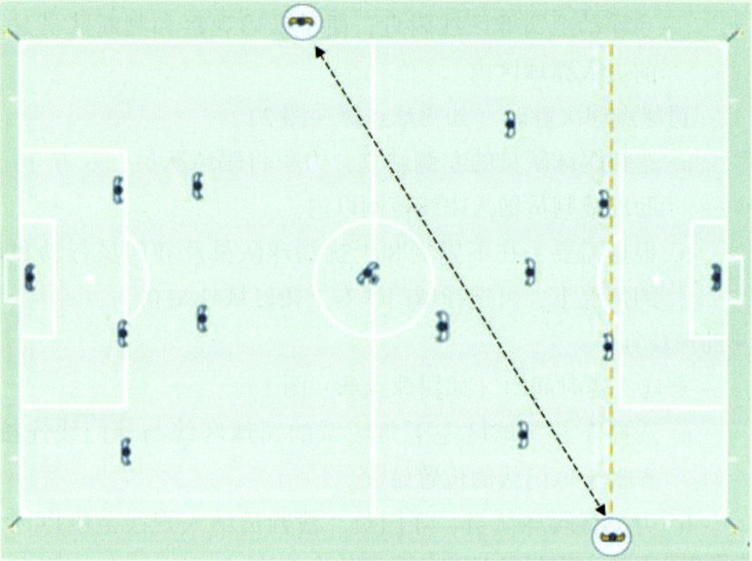

中圈发球

• 两名裁判员应位于边线外，面向比赛场地内。

• 主持发球程序的裁判员应选择靠近中线处的位置，执行并监督发球过程是否符合规定（主持发球的裁判员应为踢球方一侧半场的裁判员）。

• 另一裁判员应与倒数第二名防守队员保持齐平位置，力争与对面裁判员保持最佳角度的视线联系。

任意球

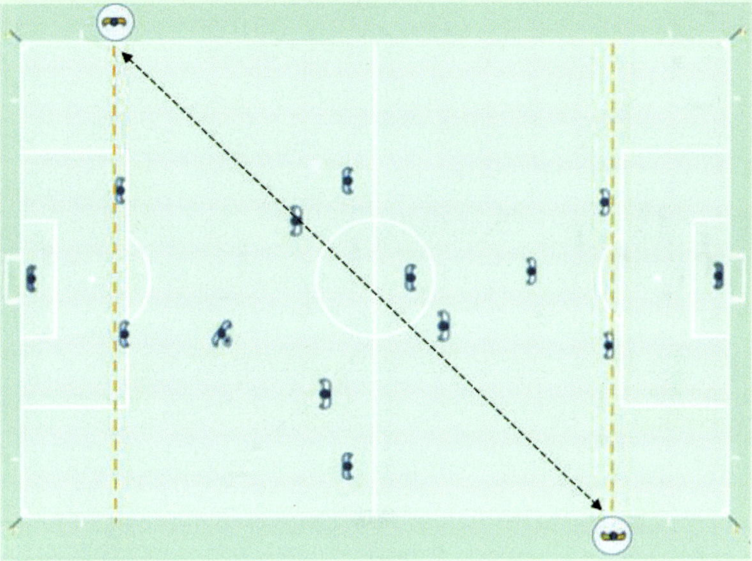

任意球

• 任意球地点一侧半场的裁判员主持执行踢任意球过程。

• 应面向比赛场地内，选择最佳角度将场上队员、比赛球及对面裁判员纳入视线范围以内。

• 与倒数第二名防守队员保持齐平位置，力争与对面裁判员保持最佳角度的视线联系。

• 时刻关注倒数第二名防守队员人员轮换，紧跟处于倒数第二名防守队员的位置。

• 在场地内任何地点踢任意球时，两名裁判员均应遵循上述程序。

角球

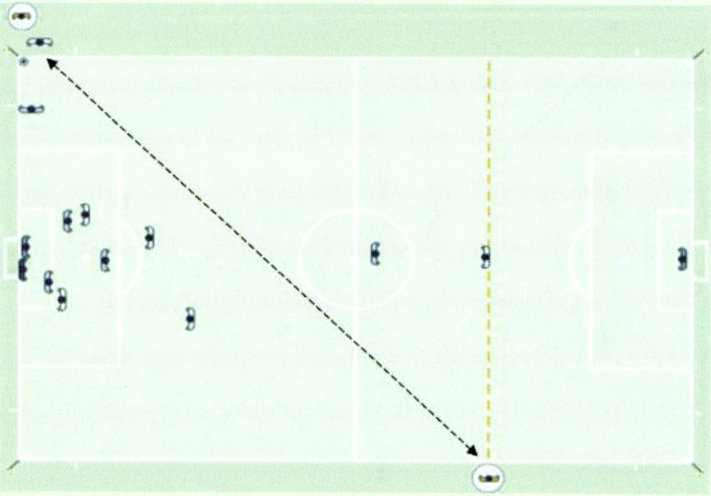

角球

- 踢角球一侧半场的裁判员：
  - 应选择位于角旗杆后、齐平于球门线的延长线位置站立。
  - 保持适当距离，避免影响和阻碍踢角球队员的行动。
  - 时刻关注倒数第二名防守队员人员轮换，当角球踢出后，紧跟处于倒数第二名防守队员的位置。
- 另一裁判员：
  - 应面向比赛场地内，选择最佳角度将场上队员、比赛球及对面裁判员纳入视线范围以内。
  - 与倒数第二名防守队员保持齐平位置，力争与对面裁判员保持最佳角度的视线联系。
  - 时刻关注倒数第二名防守队员人员轮换，紧跟处于倒数第二名防守队员的位置。

• 一侧半场内不同的两个角球区域，在踢角球时，两名裁判员均应遵循上述程序。

球门球

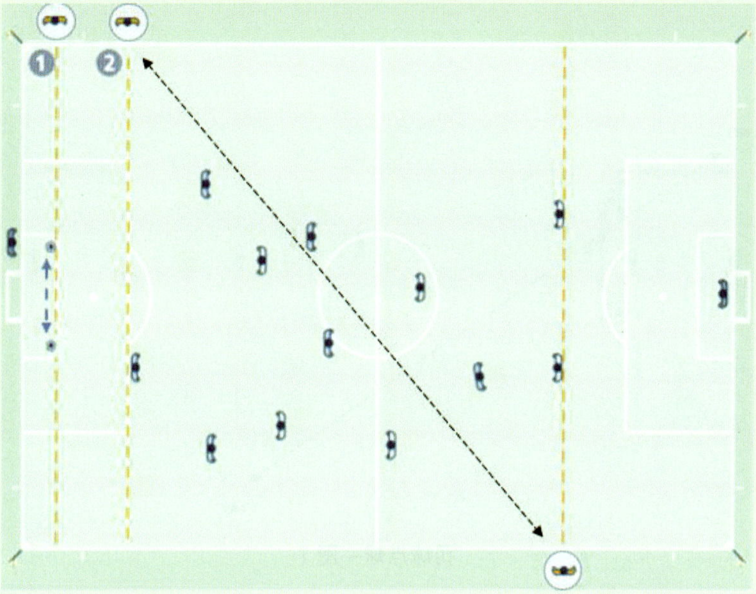

球门球

- 踢球门球一侧半场的裁判员：
  - 应选择齐平于球门区线的位置站立，观察球的摆放位置是否符合规定（如球门球图中标 ① 的位置）。
  - 在确保符合规定的情况下，选择齐平与踢球方倒数第二名防守队员的位置站立（如球门球图中标 ② 的位置）。
- 另一裁判员：
  - 应面向比赛场地内，选择最佳角度将场上队员、比赛球及对面裁判员纳入视线范围以内。
  - 与倒数第二名防守队员保持齐平位置，力争与对面裁判员保持最佳角度的视线联系。
  - 时刻关注倒数第二名防守队员人员轮换，紧跟处于倒数第二名防守队员的位置。

罚球点球

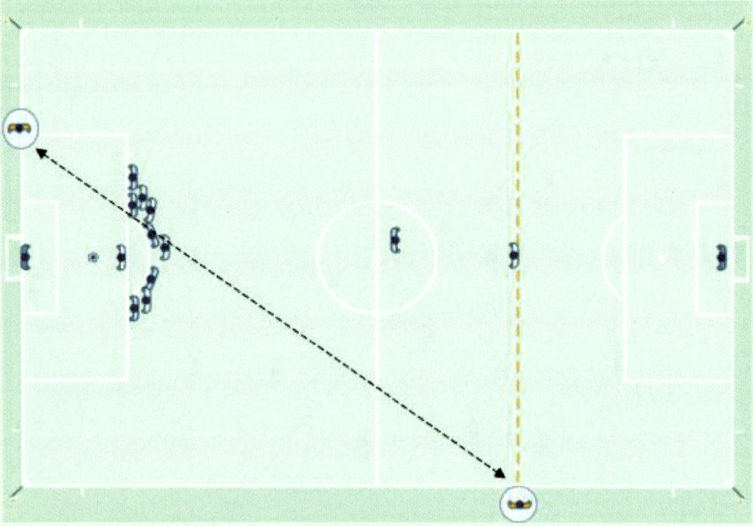

罚球点球—图 1

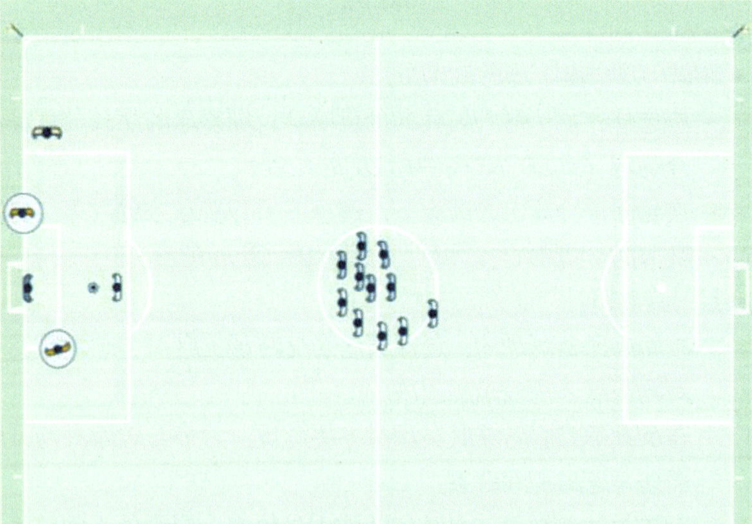

罚球点球—图 2

- 常规比赛时间内（如罚球点球—图1：）
  - 罚球点球一侧半场的裁判员：
    a. 应选择守方罚球区左下角区域的罚球区线与球门线连接处，齐平于球门线的位置站立。
    b. 力争将双方队员（包括踢球队员及守门员）纳入视线范围。应关注守门员的站位是否符合规定。
    c. 当球被挡后重新进入比赛场地时，应快速移动至边线处，并保持与球或倒数第二名防守队员齐平的位置。
  - 另一裁判员。
    a. 应面向比赛场地内，选择最佳角度将场上队员、比赛球及对面裁判员纳入视线范围以内。
    b. 与倒数第二名防守队员保持齐平位置，力争与对面裁判员保持最佳角度的视线联系。
    c. 时刻关注倒数第二名防守队员人员轮换，紧跟处于倒数第二名防守队员的位置。
- 罚球点球决胜时（如罚球点球—图2）：
  - 罚球点球由主裁判主持执行：
    a. 应选择踢球队员的左侧站立，力争将踢球队员、双方守门员、另一裁判员纳入视线范围以内。
    b. 根据需要，在不影响和干扰踢球队员及守门员行动和视线的情况下，可选择球门区右上角区域外站立。
  - 另一裁判员：
    a. 应选择球门区左下角区域的球门区线与球门线连接处，齐平于球门线的位置站立。
    b. 力争将踢球队员、守门员、裁判员纳入视线范围以内。重点关注守门员的站位是否符合规定。

CHAPTER 03 第三章

比赛官员的移动

1. “单裁判员” 制的移动

原则

- 裁判员：
  - 位于比赛球的左侧后方。
  - 力争将比赛球、队员、助理裁判员均纳入视线范围以内。
  - 距离球 8~10 米。
- 助理裁判员：
  - 应面向比赛场地内，选择最佳角度将场上队员、比赛球及裁判员纳入视线范围。
  - 与倒数第二名防守队员保持齐平位置。
  - 时刻关注倒数第二名防守队员人员轮换，紧跟处于倒数第二名防守队员的位置。

区域

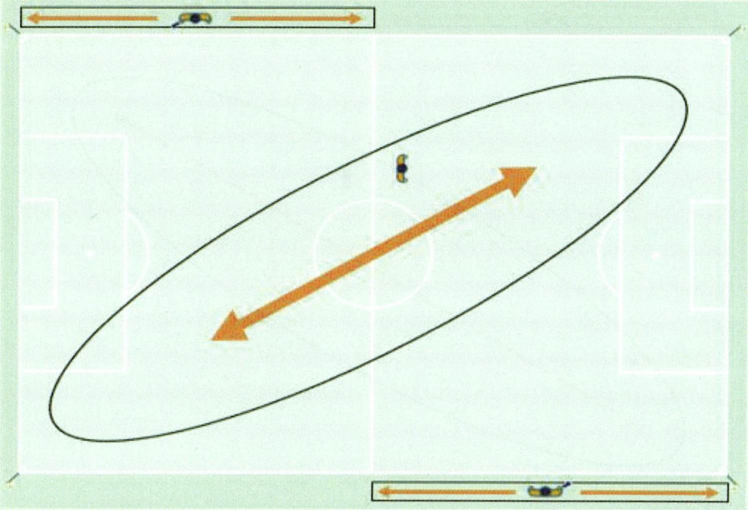

裁判员移动区域

• 裁判员：

  – 以场地对角为方向，在大约长轴 70 米、短轴 30 米的椭圆形区域内移动。

  – 根据球所在位置，力争做到移动深度（长轴）、宽度（短轴）的最大值。

• 助理裁判员：

– 应面向比赛场地，位于助理裁判员右侧半场，由中线至球门线的比赛场地外移动。

– 必要时可进入比赛场地，协助管理队员退出规定的防守距离及参与监控突发事件。

轨迹

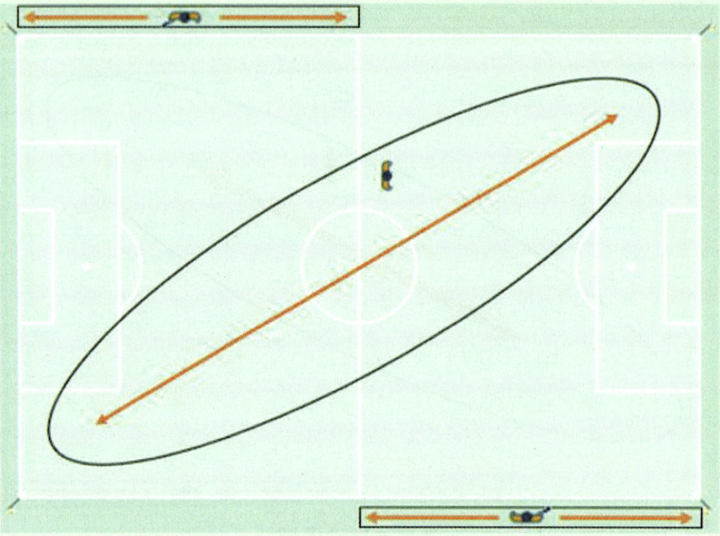

裁判员移动轨迹—图 1

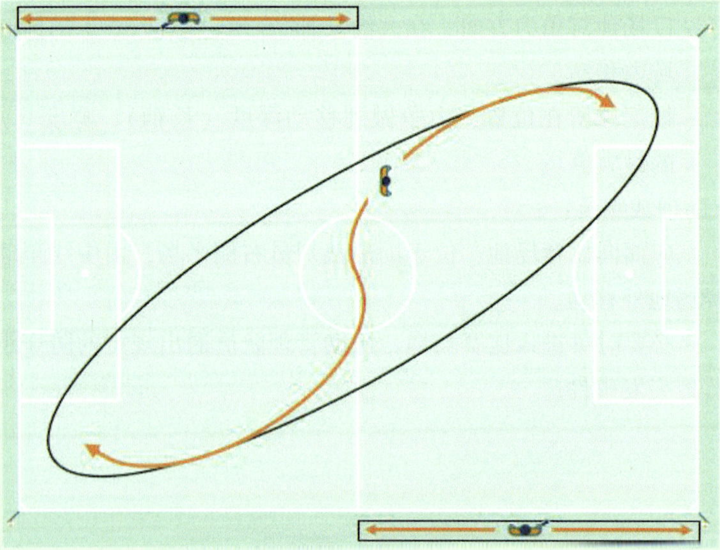

裁判员移动轨迹—图 2

- 裁判员：
  - 斜线：在区域内，以对角为方向斜线移动，通过“跟踪和预选”的移动行为接近球的发展区域（如裁判员移动轨迹—图1）。
  - “S”线：在区域内，以对角为方向“S”线移动，通过“避让和绕行”的移动行为接近球的发展区域（如裁判员移动轨迹—图2）。
- 助理裁判员：
  - 应面向比赛场地，位于助理裁判员右侧半场，由中线至球门线的比赛场地外直线移动。

方式

- 裁判员：
  - 正面跑：当球的发展方向及落点位于裁判员的前方时，通过正面跑的方式向前移动，做到紧跟球的发展，直线跑动到位。
  - 侧向跑（侧身跑）：当球的发展方向及落点位于裁判员的斜前方或斜侧方时，通过侧向跑的方式向斜前、两侧移动，做到紧跟球的发展，迂回跑动到位。
  - 侧滑步：当球在局部区域或较小的空间内发展时，通过侧滑步的方式两侧移动，寻找和选择最佳观察角度。
  - 倒退跑：预见球的发展方向和区域，提前选择最佳位置移动，较球先行到达。在背对进攻方向观察球时，为避免“卷入”现实比赛环境中，通过倒退跑的方式灵活移动，做到判断来球、选择位置、避让队员。
- 助理裁判员：
  - 正面跑：当防守队员在快速移动或变换位置的情况下，通过正面跑的方式完成直线和折返移动，做到紧跟倒数第二名防守队员并保持齐平位置。
  - 侧滑步：面向比赛场地，通过侧滑步的方式两侧移动，寻找和选择最佳观察角度，做到紧跟倒数第二名防守队员并保持齐平位置。

- 倒退跑：为保持将场上队员、比赛球、裁判员纳入视线范围以内，通过倒退跑的方式移动，做到边观察边移动，紧跟倒数第二名防守队员并保持齐平位置。

节奏

- 裁判员：
  - 慢跑：跟随球的移动轨迹，通过变化移动区域和位置逐渐接近球。
  - 匀速跑：始终与球保持一定的距离，便于下一步的行动。
  - 加速跑：确保与球保持最佳的距离，有利于观察和判断。
  - 冲刺跑：力争与球保持较近的距离，保证作出准确判断。
- 助理裁判员：
  - 慢跑：紧跟倒数第二名防守队员移动。
  - 加速跑：因倒数第二名防守队员人员或位置发生轮（变）换，而变换移动节奏。
  - 冲刺跑：与球或倒数第二名防守队员保持齐平位置。

2.“双裁判员”制的移动

原则

• 应面向比赛场地内，选择最佳角度将场上队员、比赛球及对面裁判员纳入视线范围以内。

• 与倒数第二名防守队员保持齐平位置。

• 时刻关注倒数第二名防守队员人员轮换，紧跟处于倒数第二名防守队员的位置。

区域

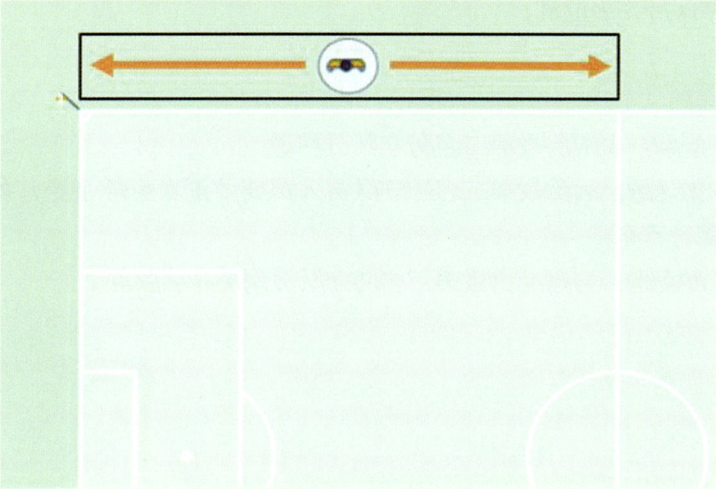

"双裁判员"制裁判员移动区域

- *通常情况下应面向比赛场地，位于右侧半场，由中线至球门线的比赛场地外移动。*
- *仅在需要获得更好观察位置时，裁判员才可进入比赛场地内。*
- *必要时可进入比赛场地内完成赛场管理（包括执行纪律处罚）。*

轨迹

通常情况下应面向比赛场地，位于右侧半场，由中线至球门线的比赛场地外直线移动。

方式

- *正面跑：当防守队员在快速移动或变换位置的情况下，通过正面跑的方式完成直线和折返移动，做到紧跟倒数第二名防守队员并保持齐平位置。*
- *侧滑步：面向比赛场地，通过侧滑步的方式两侧移动，寻找和选*

择最佳观察角度，做到紧跟倒数第二名防守队员并保持齐平位置。

• 倒退跑：为保持将场上队员、比赛球、裁判员均纳入视线范围，通过倒退跑的方式向后移动，做到边观察边移动，紧跟倒数第二名防守队员并保持齐平位置。

节奏

• 慢跑：紧跟倒数第二名防守队员移动。

• 加速跑：因倒数第二名防守队员人员或位置发生轮（变）换，而变换移动节奏。

• 冲刺跑：与球或倒数第二名防守队员保持齐平位置。

CHAPTER 04 第四章

比赛官员的配合

1. “单裁判员” 制的配合

犯规与不正当行为

- 协助判罚；
  - 犯规发生在裁判员视线以外，或是裁判员视线被阻挡时。
  - 如果裁判员看到了这次犯规，但不应该掌握有利时。
  - 裁判员作出了与实际情况相反的决定时。
  - 当裁判员出现“遗漏”事件或必要程序时（如纪律处罚）。
- 传递信息；
  - 用规范的旗示及动作示意。
  - 通过赛前约定，用“暗号”传递。
  - 建立目光交流，相互感知信息。
  - 语言沟通。
- 注意事项；
  - 要在确保观察清晰、判断准确的前提下实施协助。
  - 根据现场环境，将“等”和“看”的技巧灵活运用到判罚决定的过程中。
  - “需要看到的情况”并非总是发生在球的附近，助理裁判员应注意：

    a. 个别无球队员的非体育行为，特别是具有攻击性的行为。

    b. 球被踢出后发生的犯规。

    c. 在比赛发展的大致方向和区域内，对移动接应队员的犯规。

– 力争在比赛恢复前完成协助行动。
– 在语言沟通的过程中应做到：
  a. 传递信息真实。
  b. 叙述内容完整。
  c. 语言表达简练。
– 在交流协商的过程中应做到：
  a. 助理裁判员可进入比赛场内 2 米左右的距离。
  b. 交流双方要同时面向比赛场地并兼顾赛场动态。
  c. 交流内容不宜被其他人获知。

球出界

- 示意方法：
  – 当球在靠近助理裁判员一侧的边界线出界，应直接用旗示示意恢复比赛的方向和方式。
  – 当球在远离助理裁判员一侧的边界线出界，在判断出界原因非常清晰的情况下，应直接用旗示示意恢复比赛的方向和方式。
  – 当球在远离助理裁判员一侧的边界线出界，在无法准确判断出界原因的情况下，应上举旗示意，并通过目光交流，跟随裁判员的手势作出旗示。
  – 当球的整体无论是在空中或地面越出边界线后又返回到比赛场地内时，助理裁判员应上举旗示意，提示裁判员球已出边界线。
- 传递信息：
  – 用规范的旗示及动作示意。
  – 特殊情况或必要时，可通过晃动旗帜提醒裁判员引起注意。
  – 建立目光交流，相互感知信息。
- 注意事项：
  – 当“球出界”和“越位”两个不同方向的位置需要同时关注时，应根据比赛环境判断两者在那一时刻的重要程度，合理分配注意力。通常情况下以关注“越位”为重点。
  – 当裁判员与助理裁判员在“球出界”的判罚过程中出现异议

时，应以裁判员的决定为最终结果。
- 当掷界外球时，掷球队员应位于助理裁判员的左侧位置。
- 协助裁判员判罚掷球队员是否犯规，应重点关注下肢犯规现象。

任意球

- 协助管理：
  - 当任意球位于助理裁判员较近位置时，助理裁判员可进入比赛场地内管理队员退出规定的距离。
  - 当任意球地点位于罚球区线（内/外）时：
    a. 如果地点位于罚球区内，助理裁判员应快速冲刺至球门线位置站立。
    b. 如果地点位于罚球区外，助理裁判员应在与罚球区线齐平的位置站立，即便移动位置已经超越罚球区线，也应快速折返退回。
    c. 如果任意球地点不能被准确判断，助理裁判员应在罚球区线与球门线之间的区域位置站立。
  - 当裁判员在管理其他事件时：
    a. 助理裁判员可通过语言或行动控制任意球踢出的时机。
    b. 如果任意球已被踢出，助理裁判员可通过旗示提醒裁判员引起注意，裁判员决定任意球是否重踢。
    c. 通过观察和判断，对裁判员视线以外的可影响比赛的任何事件做出提示。
- 传递信息：
  - 用规范的旗示及动作示意。
  - 通过赛前约定，用“暗号”传递。
  - 建立目光交流，相互感知信息。
  - 语言沟通。
- 注意事项：
  - 应确保任意球踢球位置的准确性。

- 应确保在执行任意球时队员退出规定距离。

- 当助理裁判员进入比赛场地内协助管理踢任意球程序结束后，裁判员应等其退回到常规位置再恢复比赛。

- 合理分配观察视野，确保“焦点”区域，力争网罗全局。

罚球点球

• 协助判罚：

- 守门员是否在球被踢出前离开球门线。
- 球的整体是否越过球门线及进球得分。

• 传递信息：

- 用规范的旗示及动作示意。
- 建立目光交流，相互感知信息。
- 语言沟通。

• 注意事项：

- 协助判罚守门员是否犯规是助理裁判员的职责，应严格执行规则、认真履行职责，特别是在常规比赛时间内执行罚球点球的过程中，裁判员的监管对象及范围较罚球点球决胜时更为复杂。

球门球

• 协助判罚：

- 球是否被正确地摆放在规定的区域内。
- 球是否被正确的踢出。
- 对方队员是否在罚球区内拦截已经踢出的球门球。
- 对方队员是否故意滞留在罚球区内，用违规的方式拦截快速踢出（快发）的球门球。

• 传递信息：

- 用规范的旗示及动作示意。
- 建立目光交流，相互感知信息。
- 语言沟通。

• 注意事项：
  - 应选择规范位置站立观察，便于做出准确判断。
  - 协助判罚旗示应果断、及时。
  - 应上举旗提醒裁判员引起注意，然后用旗示示意重新恢复比赛的方向和方式。
  - 语言沟通过程要规范，表述要简练、清晰、完整。

角球

• 协助判罚：
  - 球是否被正确地摆放在规定的区域内。
  - 无论是在空中或地面，球的整体是否越出边界线。
  - 裁判员视线以外的任何犯规或不正当行为。
• 传递信息：
  - 用规范的旗示及动作示意。
  - 建立目光交流，相互感知信息。
  - 语言沟通。
• 注意事项：
  - 应选择规范位置站立观察，便于做出准确判断。
  - 协助判罚旗示应果断、及时。
  - 应上举旗提醒裁判员引起注意，然后用旗示示意重新恢复比赛的方向和方式。
  - 语言沟通过程要规范，表述要简练、清晰、完整。

进球／未进球

• 示意方法：
  - 进球时：
    a. 当进球没有任何疑问时，裁判员与助理裁判员必须用目光相互交流，然后助理裁判员沿边线快速向中线方向正面移动（15~20 米）以表示进球。
    b. 当球的整体已进入球门而比赛仍在继续时，助理裁判员必须首先上举旗向裁判员示意球已经进门，在与裁判员建立目光交流后，完成沿边线快速向中线方向正面移动（15~20米）以表示进球。

- 未进球时：
  - a. 当球的整体没有进入球门而比赛正常进行时，裁判员与助理裁判员必须用目光相互交流，必要时可通过赛前约定的“暗号”传递信息。
  - b. 当球的整体确认没有进入球门时，助理裁判员用“侧滑步”的方式移动，以区分进球时所采用的“正面跑”的移动方式。

• 传递信息：
- 用规范的旗示及动作示意。
- 通过赛前约定，用“暗号”传递。
- 建立目光交流，相互感知信息。

• 注意事项：
- 当“进球/未进球”发生的那一刻，助理裁判员应以最快的速度冲刺至球门线处，在争取获得最佳观察位置的同时，快速作出决定。
- 当“进球/未进球”发生的那一刻，裁判员应有较强的“感知”性，在确保不影响观察赛场局势的同时，尽快与助理裁判员建立视线联系。
- 当球的整体已进入球门而比赛仍在继续时，助理裁判员上举旗向裁判员示意球已经进门，裁判员应通过“鸣哨”的形式提示进球得分。

群体冲突

• 协助管理：
- 遇到群体冲突时，靠近一侧的助理裁判员应及时进入比赛场地内协助裁判员进行管理。另一名助理裁判员需观察事态发展并记录有关细节。

- 传递信息：
  - 语言沟通。
  - 交流协商。
- 注意事项：
  - 应具备“阅读”和判断赛场形式的能力。根据需要，在最短的时间内到达事发现场。
  - 尽快隔离、劝阻双方队员。其间应尽量避免与队员发生非必要性的身体接触。
  - 所有比赛官员应选择不同的位置站立，从多角度观察现场局势。
  - 记录引发冲突及在冲突中的核心队员。
  - 应有保护受伤队员的意识和行动。
  - 所有参与协商的比赛官员应保持沉着、冷静的头脑。

2. “双裁判员”制的配合

犯规与不正当行为

- *协助判罚：*
  - *裁判员应以活动区域一侧半场的判罚为主。但在下列情况时应协助判罚：*
    a. 当移动位置比另一名裁判员更接近犯规地点时。
    b. 当观察角度可以清晰地识别犯规时。
  - *当裁判员出现“遗漏”事件或必要程序时（如纪律处罚）。*
- *传递信息：*
  - *用鸣哨的方式示意。*
  - *用手势示意。*
  - *建立目光交流，相互感知信息。*
- *注意事项：*
  - *比赛应尽可能地做到在两名裁判员所在位置之间进行，距离比赛球较近的裁判员应在另一名裁判员的视线范围内，确保随时*

建立目光交流，相互感知信息。

–“需要看到的情况”并非总是发生在球的附近。裁判员应注意：

a. 个别无球队员的非体育行为，特别是具有攻击性的行为。

b. 球被踢出后发生的犯规。

c. 在比赛发展的大致方向和区域内，对移动接应队员的犯规。

–在执行纪律处罚时，两名裁判员均应做好记录，避免被“遗漏”或“错给”的红黄牌。

任意球

- **协助管理：**
  - 如果需要，当任意球位于一名裁判员较近位置时，即便踢球地点在另一名裁判员半场内，该裁判员可进入比赛场地内确认踢球地点及管理队员退出规定的距离。
  - 当一名裁判员在管理其他事件时：

    a. 另一名裁判员可通过语言或行动控制任意球踢出的时机。

    b. 如果任意球已被踢出，另一名裁判员通过观察和判断，可适时用鸣哨的方式暂停比赛，并以此提醒该裁判员引起注意。

    c. 对该裁判员视线以外的可影响比赛的任何事件作出提示。
- 传递信息：
  - 用鸣哨的方式示意。
  - 用手势示意。
  - 建立目光交流，相互感知信息。
  - 语言沟通。
- 注意事项：
  - 应确保任意球踢球位置的准确性。
  - 应确保在执行任意球时队员退出规定距离。
  - 当一名裁判员进入比赛场地内协助管理踢任意球程序结束后，另一名裁判员应等其退回到常规位置再恢复比赛。

- 合理分配观察视野，确保“焦点”区域，力争网罗全局。
- 最好的配合能使裁判员作出正确的决定。关于踢任意球时的配合，都是基于可能发生的情况，并必须根据球队、队员和比赛环境的特定信息进行调整和执行。

群体冲突

- 协助管理：
  - 遇到群体冲突时，靠近一侧的裁判员应及时进入比赛场地内进行管理。另一名裁判员在参与管理的同时，应观察事态发展并记录有关细节。
- 传递信息：
  - 语言沟通。
  - 交流协商。
- 注意事项：
  - 应具备“阅读”和判断赛场形式的能力。根据需要，在最短的时间内到达事发现场。
  - 尽快隔离、劝阻双方队员。期间，应尽量避免与队员发生非必要性的身体接触。
  - 所有比赛官员应选择不同的位置站立，从多角度观察现场局势。
  - 记录引发冲突及在冲突中的核心队员。
  - 应有保护受伤队员的意识和行动。
  - 所有参与协商的比赛官员应保持沉着的心态、冷静的头脑。
  - 在执行纪律处罚时，由靠近冲突一侧直接管理的裁判员完成。参与管理的另一名裁判员应同时做好记录。

PART 03

第三部分

比赛官员实践指南

引　言

比赛官员最好的表现就是在比赛场上能够作出最正确的决定。所有关于比赛官员实践指南中所涉及的内容都是基于在比赛中经常发生的事件。为帮助比赛官员了解现代足球比赛中的一些普遍现象，指导其快速学习并掌握基本知识和技能，尽快参与到临场实践工作中，是推出本单元内容的主要目的。

《规则与方法》的使用对象多集中于青少年、年长人士及草根（社会）足球比赛中。参与裁判工作的比赛官员亦多为喜爱足球运动、热衷裁判工作，但又受制于某些特定原因而不能参与更高层次和级别裁判工作的业余足球爱好者。鉴于上述情况，为帮助他们解决裁判实际工作中的执裁困惑，通过本单元中的裁判专题内容，旨在从理论上帮助他们提高认识，进而指导实践工作。

比赛官员实践指南是对上述第一部分竞赛规则和第二部分裁判方法内容的补充和延伸，是在充分考虑“竞赛规则”和“足球比赛精神”的基础上总结得出，具有一定的实操性。

1. 准确判罚犯规

足球运动是一项身体对抗激烈程度较高的体育项目。据国外职业裁判组织研究发现，在一场足球比赛中，裁判员需要作出约 245 次决定，其中约 200 次是对身体接触后是否构成犯规的判断，这意味着每场比赛约 22 秒裁判员就要作出一次决定，在如此短的时间内果断、准确、恰当地作出正确的决定，这对于一名裁判员而言，没有扎实的专业知识和娴熟的专业技能作保障是很难胜任此项工作的。在如此多的身体接触中，为确保判罚犯规的准确性，裁判员应做到：

移动

• 预见进攻队员的进攻目的，判断进攻形式和线路。

• 规划移动线路，选择适宜路径，快速移动到位。

• 通过变换位置，寻找最佳观察角度。

观察

•“阅读”队员处理球的目的，使用或完成动作的方向、速度及力量。

• 识别对抗接触部位，判断争抢动作“先后”，观察球的移动方向。

• 关注队员的行为表现，应特别关注被犯规一方。

决定

• 牢记规则条款，快速作出反应。

• 用规范的手势和信号传递判罚结果。

• 必要的身体语言可以显示其权威和控制力，但不可以用作对判罚的解释。

2. 罚球点球的判罚与执行

判罚

足球比赛中，罚球点球是一种特殊定位球恢复比赛的方式。由于规则在罚球点球判罚上的特殊条款，为罚球点球恢复比赛创造了较高的得分几率，因此，裁判员在决定判罚球点球的过程中易引发争议。为确保罚球点球判罚的准确性，裁判员应做到：

• 具备准确判罚犯规的能力，努力做好移动、观察、决定三个环节的各项工作，依据规则条款和精神作出正确决定。

• 良好的心理素质有助于裁判员作出果断、自信的判罚行动。

• 健康的思想意识和道德品性是裁判员克服压力、排除干扰的基本保障。

• 必要的团队配合是化解争端、解除危机、管控局势的适宜方法和策略。

执行

由于罚球点球的得分几率较高，在执行罚球点球的过程中，攻守双方队员会采用各种手段和方式干扰对方并获取利益，因此，犯规现象较多，给裁判员的执裁工作增加了难度。为确保执行罚球点球过程的顺利进行，裁判员应做到：

• 组织步骤：确认主踢队员→检查比赛用球是否被正确地摆放→确认守门员是否站在规范的位置→检查除踢球队员和对方守门员外的其他队员是否退出规定区域。

• 执行过程：选择合理位置站立→观察并确认助理裁判员及双方队员是否进入比赛状态→鸣哨示意恢复比赛。

• 熟悉规则条款，准确识别犯规队员的行为，果断作出判罚决定。

• 按照职责分工，助理裁判员应协助裁判员判罚守门员的犯规行为。

3. 手球犯规的判罚

对于手球犯规的认识是当今足球比赛场上裁判员把握判罚尺度的一个“焦点”问题。手球种类的不断增加及在原有基础上的“衍生”现象，给裁判工作带来了新的“挑战”。为解决手球判罚中涉及的难题，国际足球理事会在充分考虑“足球比赛精神”的前提下，通过修改规则内容，将手球犯规的认定从规则层面上力求“简单”化，以解决那些难以界定的“主观意图”，期待人们将关注点从“意图”（心理上）转移到“结果/影响”（身体上）。同时，要求裁判员对于手球犯规的认定要充分考虑运动员在运动时其动作的合理性。为确保手球犯规判罚的准确性，裁判员应做到：

• 判断手/臂部与球接触时的行为：

- 当手/臂部有向球移动的动作时，应被认定为手球犯规。
- 处理球时造成的手/臂部与球之间的接触，应考虑其动作合理性的同时，判断是否：

a. 作出具有明显处理球的动作。

b. 在没有形成干扰的情况下（处于相对独立的周边环境）处理球后造成的手/臂部与球之间的接触。

• 判断手/臂部与球接触时的位置：

- 任何由于手/臂部不是“自然”位置而造成的接触球，通常队员应承担被判罚手球犯规的“风险”。

- “自然”位置的认定应考虑：

a. 手/臂部应贴近身体并垂直于地面。

b. 手/臂部位于身体躯干范围以内。

• 判断手/臂部与球接触后比赛发展的形势：

- 当一个不被认定为手球犯规（意外手球）的情况发生后，导致进球得分，将被判罚犯规：

a. 队员（包括守门员）手/臂部触球后，球直接进入对方球门，即使是意外手球。

b. 队员手/臂部触球后立即射门得分，即使是意外手球。

• 在倒地的情况下，判断手/臂部与球接触时的行为：

- 手或臂部处于身体与地面之间以支撑身体，且手臂没有向横向或纵向伸展离开身体，不被认定为手球犯规。

- 没有用作支撑身体的手/臂部与球接触，均应按照常规状态时判断是否构成手球犯规的行为。

• 涉及手球犯规的纪律处罚：

- 通过手球犯规的方式干扰或阻止有希望的进攻，应被警告（黄牌）。

- 用手球犯规的方式试图得分（无论进球与否）或阻止进球未果，应被警告（黄牌）。

- 通过手球犯规破坏对方球队进球或明显的进球得分机会（守门员在本方罚球区内除外），应被罚令出场（红牌）。

- 守门员在本方罚球区外和所有其他场上队员一样，在手球上有同样限制。不得因守门员在本方罚球区内的手球犯规而判罚直接任意球或执行任何相关的纪律处罚，但因手球犯规需判罚间接任意球。

- 未列入可警告（黄牌）或罚令出场（红牌）条款的其他故意手球行为，不需要执行纪律处罚。

4. 拉扯犯规的判罚

在当今足球比赛中，拉扯犯规已突破了传统形式上的队员仅使用手部“抓”“扯”“揪”“拽”住对方衣服或身体以阻止或干扰对方队员移动的行为。按照国际足球理事会最新的规则解释，犯规队员用手/臂等部位阻止对方移动也应视为拉扯犯规。现行规则将原“身体拉扯”定义为在身体接触的情况下阻碍对方队员移动。虽然将“手/臂”与“身体”进行了区分，但在认定犯规行为和判罚结果上是一致的。为确保拉扯犯规判罚的准确性，裁判员应做到：

• 应明确拉扯犯规多为上肢行为，在实施犯规的过程中动作相对隐蔽，一个微小的动作有可能会影响到对方移动或得球，对进攻队员的干扰和破坏性较强。因此，裁判员要做到“明察秋毫”。

• 应“阅读”双方队员在争抢位置的过程中，队员通过扩张双臂或利用身体接触的方式阻止对方移动或得球，此行为虽然没有直接的犯规动作，但已构成了阻碍对方移动的犯规行为，同样被认定为犯规。这种犯规行为的出现，通常会导致被犯规一方队员在挣脱“防守”的过程中，作出一些非正常举动（如挥动双臂或推搡等动作），形成犯规现象。因此，裁判员要做到“观察到位”。

• 在对待拉扯现象时应考虑：

- 当拉扯犯规形成后，此行为对进攻一方的影响程度，并依据规则条款和精神做出判罚及执行纪律处罚。
- 对于防守队员从罚球区外拉扯对方至罚球区内时，应判罚球点球并根据其犯规的影响程度执行纪律处罚。
- 当队员为阻止对方移动或抢占有利位置而实施拉扯行为时：

  a. 在比赛恢复前，应通过口头劝诫的方式提示犯规队员的不当行为。

b. 在比赛恢复前仍然继续此类行为的队员将被警告（黄牌）。

c. 当比赛恢复后，任何实施拉扯行为的犯规队员将被判罚直接任意球或罚球点球。

– 对于其他形式的拉扯犯规，不必再给予纪律处罚。

5. 打人犯规的判罚

头部是人体相对敏感和脆弱的部位，又是人体的高级神经中枢，对头部的保护格外重要。规则对故意击打他人的头部和面部有独立的条款并加以解释。在足球比赛中，通常情况下被认定的打人行为是指队员在身体接触的过程中，利用手、臂、肘的部位接触对方队员的头部。足球比赛场上出现较多的打人犯规行为可分为两种情况。一是将手、臂、肘部当作“工具使用。二是将手、臂、肘部当作“武器”使用。对打人动作的判断相对容易，如何识别队员打人的真实行为并做出正确的纪律处罚是关键环节。为确保打人犯规判罚的准确性，裁判员应做到：

• 对于“工具”与“武器”的认定从队员的行为目的判断，当将手、臂、肘用作“工具”时，队员是以争抢球为目的，借助上肢用来干扰、影响、降低对方争抢球的能力，并以此获利。当将手、臂、肘用作“武器”时，队员不是以争抢球为目的，而是使用过分的力量或野蛮的动作用上肢攻击对方，并危及对方的安全。

• 对于“工具”与“武器”的认定从队员的动作表现判断，当将手、臂、肘用作“工具”时，队员的上肢动作在时间、空间、距离这三个要素的把握过程中要领先于对方。反之，当将手、臂、肘用作“武器”时，通常要落后于对方。

• 对于“工具”与“武器”的认定从队员的被伤害程度判断，当将手、臂、肘用作“工具”时，队员通常不会出现较为明显的受伤痕迹。当将手、臂、肘用作“武器”时，队员通常会出现较为明显的受伤痕迹，严重时会出现“开放性”伤口。

• 除综合上述方面外，在判断队员犯规程度时还应考虑：

– 从草率地、鲁莽地、使用过分力量的因素，判断将手、臂、肘用作“工具”时打人的犯规程度。

–“阅读”队员的心理变化，从“足球比赛精神”出发，准确界定打人队员使用的力量是“非常轻微，足以忽略”的程度。

6.“佯装”欺骗的判罚

“佯装”是足球比赛场上运动员所有欺骗行为中的一种，被称作违背体育道德的“职业”犯规。所谓“职业”犯规，是因为这种犯规技能可以通过训练获得。现阶段，很多队伍在不同程度上对运动员进行“佯装”行为的技能训练，通过训练来提高运动员的使用能力和技巧。这种现象已经背离了体育精神，严重伤害了足球运动的健康发展。国际足球理事会从规则层面上要求裁判员对运动员在任何时间、地点对试图欺骗裁判员的“佯装”行为都应被视为非体育行为给予纪律处罚，同时，要求运动员自觉抵制这种行为。为确保“佯装”欺骗行为判罚的准确性，裁判员应做到：

• 了解和掌握“佯装”欺骗行为的表现形式，有助于裁判员做出正确判断。通常情况下，“佯装”欺骗行为的主要表现形式有：

– 为骗取任意球或罚球点球：

a. 无任何身体接触情况下的主动摔倒行为。

b. 有身体接触，通过夸大接触的行为，制造被侵犯的假象。

c. 采用主动接触对方身体的行为，制造被犯规的假象。

d. 运用“自我犯规”的假摔技术，制造被犯规的假象。

– 为达到某种战术目的：

a. 夸大被侵犯后的受伤程度，骗取对方遭受更为严厉的纪律处罚。

b. 制造或转移被侵犯的部位，骗取对方遭受更为严厉的纪律处罚。

• 提高预见性和“阅读”比赛的能力，是裁判员准确识别“佯装”、杜绝欺骗行为的重要技能。在实践工作中，应努力做到根据赛场“环境”的变化而调整认识，时刻洞察队员的比赛行为。

• 积极的移动、合理的选位、最佳的视线、较近的距离等执裁要素，都是保障裁判员对“佯装”行为做出准确判罚的重要内容。

7. 严重犯规与暴力行为的判罚

随着现代足球运动的不断发展，比赛场上严重犯规与暴力行为的表现形式也发生了一定的变化。国际足球理事会基于目前赛场上涉及严重犯规与暴力行为的一些突出问题，从规则层面上做出了具体说明，针对个别现象进行了重点描述，以此帮助和引导裁判员对突出问题加以关注并做到重点防范。虽然规则对严重犯规和暴力行为的处罚结果一样，但两者的性质不同，对比赛本身及项目运动的发展也会带来不同程度的影响。为确保裁判员能够对严重犯规与暴力行为做出准确的判断，从目的性、伤害性、操作性、界定性四个方面进行分析，对比两者之间的特征如下：

	严重犯规	暴力行为
目的性	以争抢球为目的，采用危及对方安全的方式	不以争抢球为目的，故意犯规
伤害性	使用过分的力量、野蛮的动作直接接触对方	使用或企图使用过分力量、野蛮的动作接触/未接触对方
操作性	简单、直接的犯规动作	较多的隐蔽行为
界定性	易判断	判断困难

- 当出现严重犯规与暴力行为时，裁判员应做到：
  - 移动到位、判罚果断、处罚及时。对于受伤严重的队员要做好处治工作。
  - 当严重犯规与暴力行为发生时不应掌握有利，除非有明显的进球得分机会。但必须在随后比赛停止时将相关队员罚令出场（红牌）。
  - 当严重犯规与暴力行为引发的群体冲突发生时，裁判员应保持清醒的头脑，按照团队配合的约定和工作程序冷静处置。

8. 破坏进球或明显进球得分机会的判罚

国际足球理事会按照“公平竞赛”计划的概要精神，经过多次讨论和实验，尝试以修订规则来提升足球运动的吸引力和行为标准。在此背景下，对破坏进球或明显进球得分机会的条款做出部分调整，通过增设判罚条件，在充分考虑足球项目对抗性和艰辛性两大特点的基础上，突出对目的性（战术性）犯规的惩罚，避免一方因人数上的损失而过早地退出争夺或失去对抗能力，从“足球比赛精神”出发，在保持比赛完整性的同时，也保护了比赛的观赏性。为确保破坏进球或明显进球得分机会犯规判罚的准确性，裁判员应做到：

- 判断是否构成破坏进球或明显进球得分机会，应考虑下列因素：
  - 犯规发生地点与球门间的距离。
  - 比赛发展的大致方向。
  - 控制球或得到控球权的可能性。
  - 防守队员的位置和人数。
- 确认犯规地点是否位于罚球区内/外：
  - 对于罚球区外的破坏进球或明显进球得分机会的犯规应被罚令出场（红牌）。
  - 对于罚球区内的破坏进球或明显进球得分机会的犯规应考虑：
    a. 一切没有触球可能性的犯规（包括战术犯规）应被罚令出场（红牌）。
    b. 意图为争抢球（处理球）时造成的犯规应被警告（黄牌）。
    c. 所有上肢犯规（拉扯、搂抱、推搡等）应被罚令出场（红牌）。

• 当破坏进球或明显进球得分机会是由多种犯规同时制造时，应从纪律处罚、比赛恢复方式、身体接触程度、战术影响等方面考虑，判罚相对严重的犯规。

• 无论发生在何处，当队员用手球犯规破坏对方进球或明显进球得分机会时应被罚令出场（红牌）。

9. 越位犯规的判罚

越位是足球比赛场上经常出现的一种现象。规则定义越位本身不是犯规，只有处于越位位置的队员在同队队员传/触球的一瞬间“卷入”现实比赛中，并且具备干扰比赛、干扰对方队员、利用越位位置获得利益这三个条件中的任何一个时，才构成越位犯规。对越位犯规做出准确判罚是助理裁判员的工作职责，为确保越位犯规判罚的准确性，助理裁判员应做到：

• 不断学习、更新规则知识，掌握新的判罚尺度，理解新的判罚精神。

• 在裁判实践工作中要不断掌握和提高判罚越位犯规的技能和技巧。

• 助理裁判员在观察越位位置时应做到：

- 学会寻找参照物，建立“三点一线”的观察位置，做到点、面结合兼顾比赛球。
- 运用合理的移动方式，选择较好的观察位置，随时调整观察视线和区域，扩大观察角度。
- 紧跟倒数第二名防守队员，在思想和行动两个方面做到“三勤”，即勤移动、勤变化、勤转换。

• 助理裁判员在示意越位犯规时应做到：

- 学习并掌握“等和看”的判罚技能。
- 培养和建立“近快远慢”的判罚技巧。
- 养成与裁判员进行目光交流的配合习惯，尽可能的做到举旗与鸣哨同步完成。
- 在配备视频助理裁判（VAR）的比赛中，助理裁判员当对构成越位犯规表示疑义时，应运用“延迟举旗”的判罚技巧。

• 关于越位犯规的判罚案例：

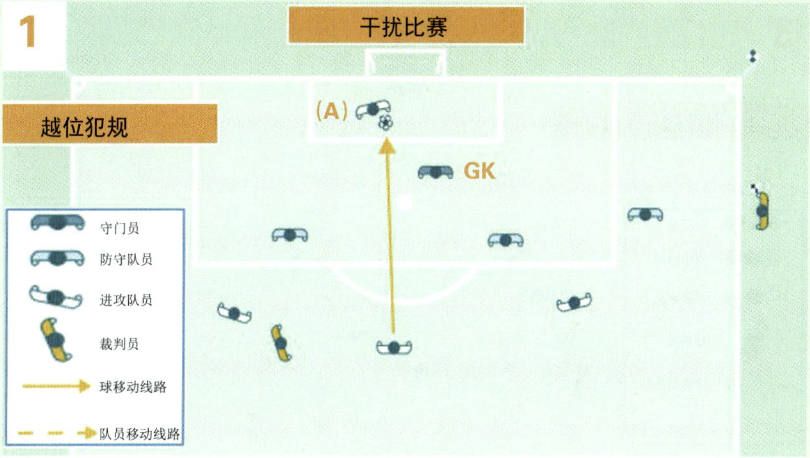

越位判罚—图 1

一攻方队员处于越位位置（A），他没有干扰对方却触到了球。当越位队员触球时，助理裁判员必须举旗示意其越位犯规（如越位判罚—图 1）。

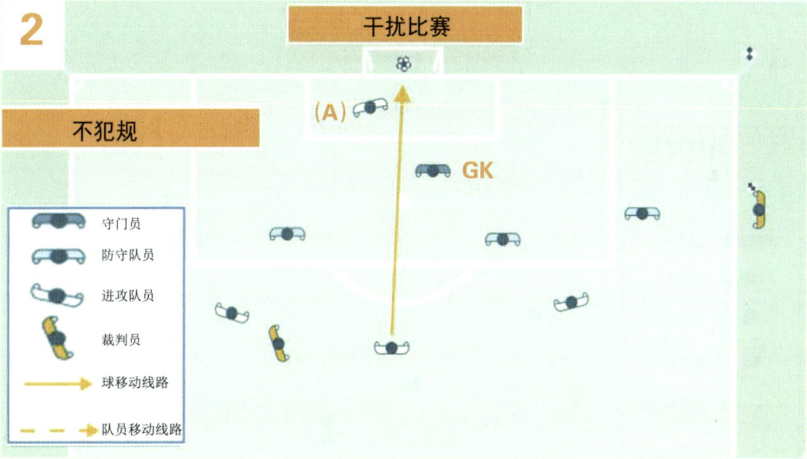

越位判罚—图 2

一攻方队员处于越位位置（A），他既没有干扰对方，也没有触到球。由于处于越位位置的队员没有触到球，因此不能判罚越位犯规（如越位判罚—图 2）。

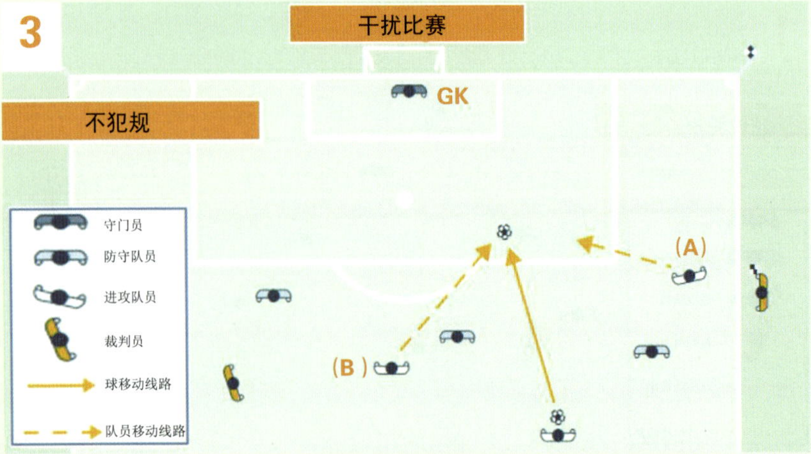

越位判罚—图 3

一攻方队员处于越位位置（A），在其向球移动时，其队友从不越位的位置（B）向球跑动并触到球。（A）位置的队员没有触倒球，也没有影响其他人，不能判罚其越位犯规（如越位判罚—图 3）。

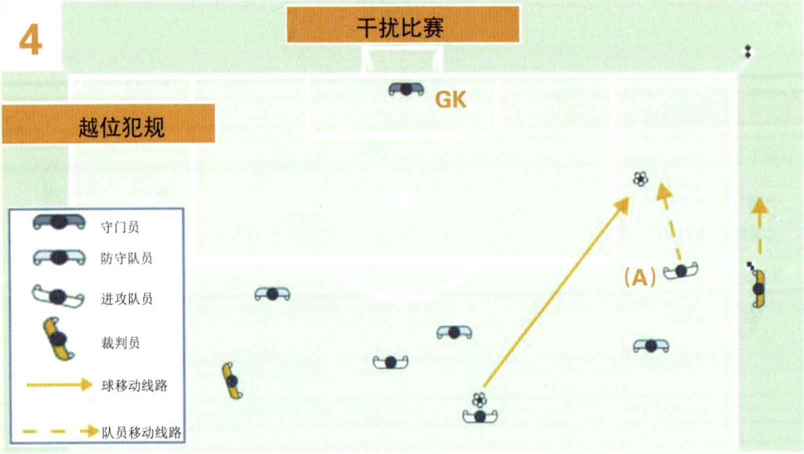

越位判罚—图 4

一攻方队员处于越位位置（A），如果裁判员认为此时处于不越位位置的同队队员没有机会去争抢球，那么这名队员在争抢或触球前可以被判罚越位犯规（如越位判罚—图 4）。

越位判罚—图 5

一攻方队员从越位位置（1）跑向（2），但并未触倒球。助理裁判员应举旗示意踢球门球（如越位判罚—图 5）。

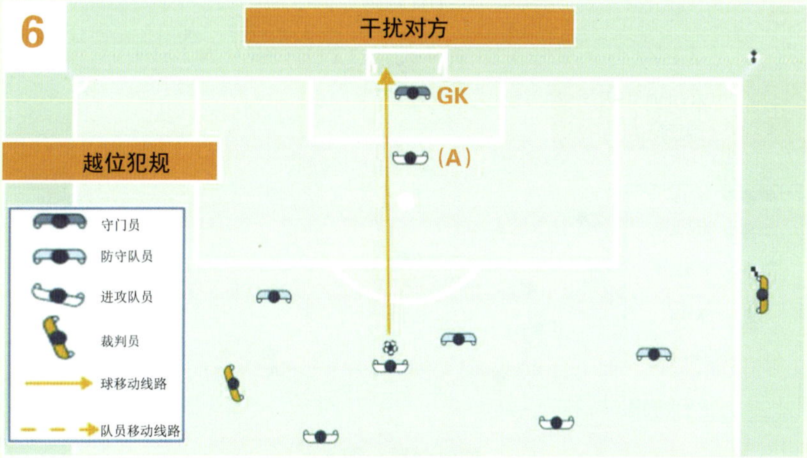

越位判罚—图 6

一攻方队员处于越位位置（A）阻挡了守门员的视线。因为越位队员阻碍了对方争抢球或可能争抢球。助理裁判员应举旗示意越位犯规（如越位判罚—图 6）。

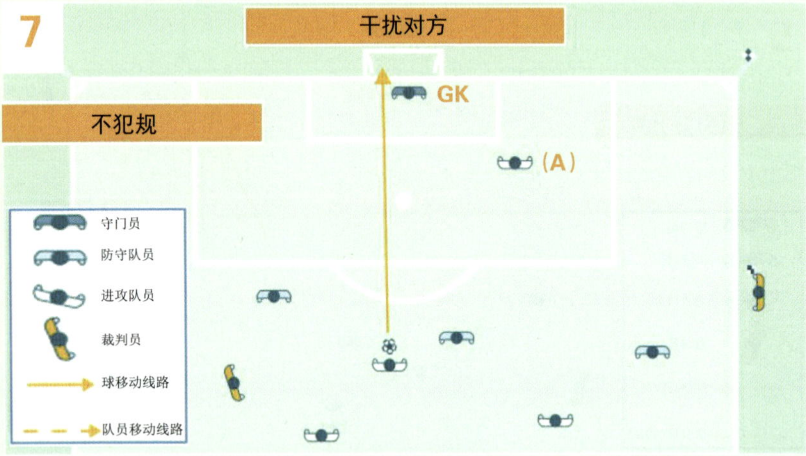

越位判罚—图 7

一攻方队员处于越位位置（A），但没有阻挡守门员的视线，或与对方争抢球，不构成越位犯规（如越位判罚—图 7）。

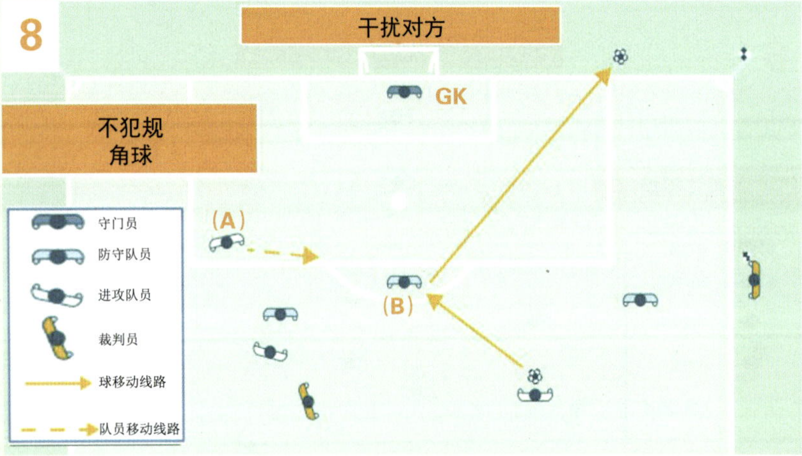

越位判罚—图 8

一攻方队员从越位位置（A）向球移动，但他没有阻止对方队员踢或可能的踢球。队员（A）不属于与对方队员（B）争抢球（如越位判罚—图 8）。

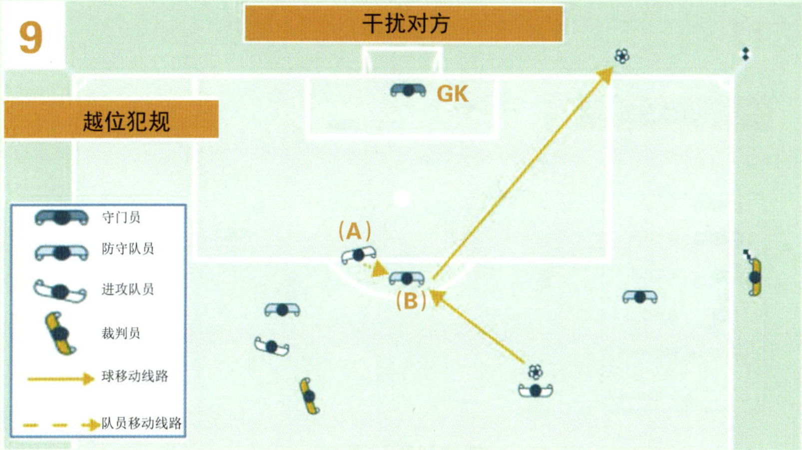

越位判罚—图 9

一攻方队员从越位位置（A）跑向（B），用争抢阻止对方队员踢球或可能的踢球。队员（A）属于干扰对方队员（B）的争抢球（如越位判罚—图 9）。

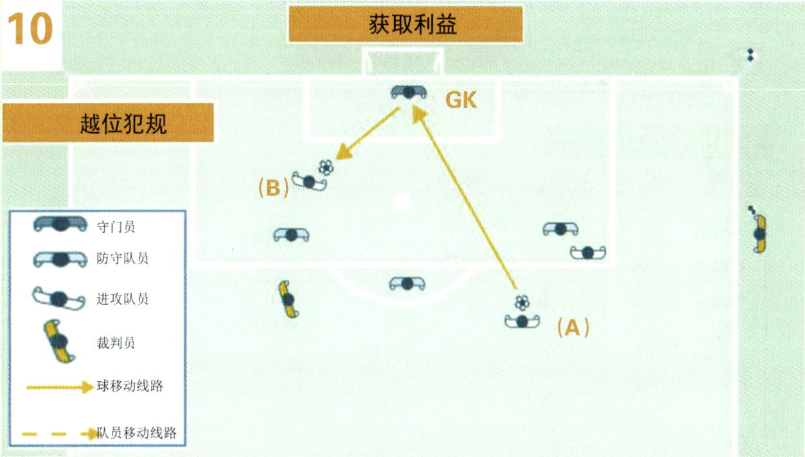

越位判罚—图 10

一攻方队员处于越位位置（B）被判罚越位犯规，因为他在越位位置踢或触及了最后由其队友（A）触及或踢出后被守门员扑救的反弹球或变向球（如越位判罚—图 10）。

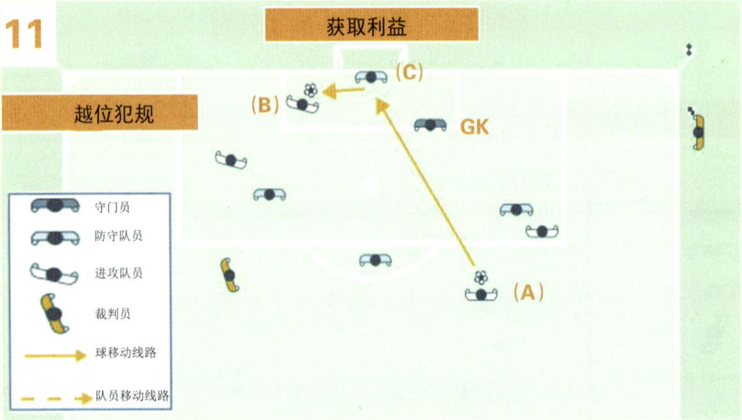

越位判罚—图 11

一攻方队员处于越位位置（B）被判罚越位犯规，因为他在越位位置踢或触及了最后由其队友（A）触及或传出后从守方队员（C）弹回、变向的有意救球。因为（C）是阻止或试图阻止将要进入球门或极为接近球门的球（如越位判罚—图 11）。

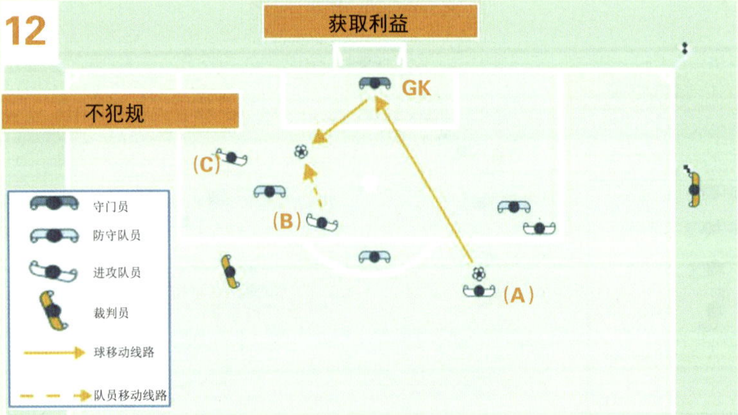

越位判罚—图 12

球由（A）位置的队员射门后经守门员弹回，同队队员（B）在不越位位置上踢球。此时，另一名同队队员（C）虽然处于越位位置，但不需要判罚，因为他没有触及球，也未从越位位置获得利益（如越位判罚—图 12）。

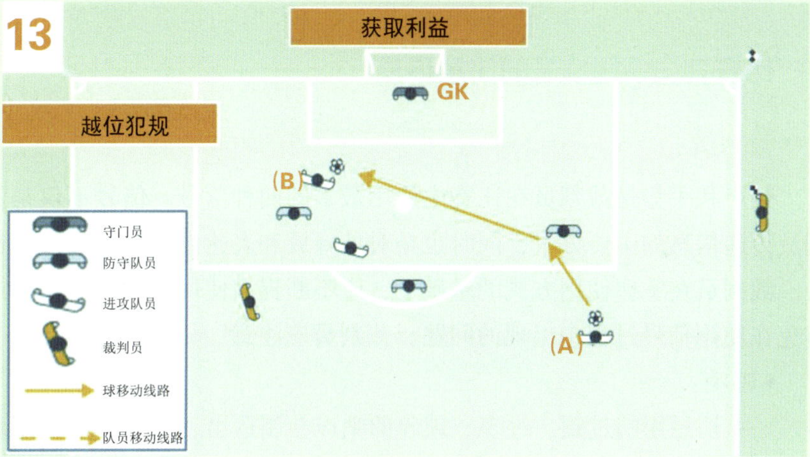

越位判罚—图 13

队员（A）射门后，球触及对方队员变向或弹回到同队队员（B），他将因处于越位位置踢或触及球而被判罚犯规（如越位判罚—图 13）。

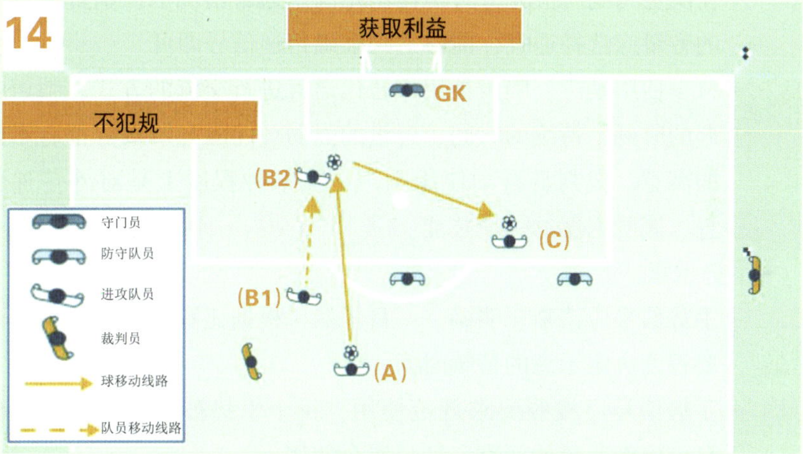

越位判罚—图 14

一攻方队员在越位位置（C）未干扰对方。同队队员在（A）处传球给从非越位位置（B1）跑向（B2）处的另一名同队队员，此队员接球后将球传给在（C）处的同队队员，此时（C）位置的队员不能被判罚越位犯规，因为当球传给他的时候，他已不处于越位位置（如越位判罚—图 14）。

10. 比赛官员使用信号的注意事项

裁判员

哨声和手势是裁判员在比赛中使用最多的两种信号。信号不仅是裁判员传递信息的主要方式，同时也是对外释放和表达内心活动的一种途径。裁判员在掌握使用方式的基础上，应不断提高使用技巧。为减少或避免在使用信号过程中出现的问题，裁判员应注意：

- 鸣哨：
  - 切忌用哨过频。过多、琐碎的哨声会制造出“嘈杂”的周边环境，使他人易产生烦躁情绪，从而形成对立态度；频繁的鸣哨会降低其使用价值，裁判员的“权威性”易遭受质疑和挑战。因此，少用精吹、科学使用是裁判员把握的方向。
  - 考虑使用范围。足球比赛具有场地大、人数多的特点，裁判员在决定鸣哨时应充分考虑使用距离。通常情况下，哨音所产生的音量应选择适宜，能够达到准确传递信号即可。
  - 科学使用哨声。哨声被用作替代语言进行交流的方式。哨声响起的时刻、持续的时间、音量的强弱、间隔与节奏等都有不同的寓意。裁判员科学使用哨声，在某种程度上是对外传递信息、表明态度的一项技能。
- 手势示意：
  - 手势信号应清晰、明确、一目了然，根据比赛环境和判罚的重要程度决定示意的持续时间。
  - 手势信号应按照要求规范使用，每个手势被用作传达不同信息，应有明显的区别，切忌混合使用。
  - 手势信号在使用的过程中应考虑周边环境，避免在人群中示意，以便预防：一是造成外部人员观察不清。二是手势动作易误伤队员。三是避免与情绪失控队员发生身体接触。
  - 手势信号在足球竞赛规则中已被明确规定，它是足球比赛中的通用信号，在一定范围内被普遍使用，切忌自创，以避免传递错误信息引起他人的误解。

助理裁判员（“单裁判员”制）

手旗是助理裁判员使用的主要工具。助理裁判员的手旗就像是手臂的延伸，对裁判员来说必须保持醒目可见。为减少或避免在使用信号过程中出现的问题，助理裁判员应注意：

• 展示：
  - 旗示信号应清晰、明确、一目了然，根据比赛环境和判罚的重要程度决定展示信号的持续时间。
  - 在做出旗示信号时，身体应保持站立停止状态，切忌在运动中完成示意动作。
  - 在做出旗示信号时，助理裁判员应与裁判员建立目光交流，确保判罚结果的一致性。
  - 因特殊情况，手旗需要更换至另一只手完成示意动作时，应在腰部以下位置完成交换动作。
  - 旗帜看上去就像手臂的延伸，示意动作时应保持肩、臂、手、旗尽可能地位于一条直线，切忌提肩、曲肘、勾手。

• 移动：
  - 在移动过程中，应将其保持在裁判员可见的范围内，这意味着助理裁判员需将手旗握在最靠近裁判员的一侧手中。
  - 在移动过程中，持旗的手臂应贴近身体，不应随意摆动，使其看上去仿佛像一只“断臂”。

第四官员及助理裁判员（“双裁判员”制）

第四官员及助理裁判员（“双裁判员”制）使用的信号工具相对简单，但在操作的过程中，应注意：

• 第四官员：
  - 举牌时应做到清晰、明确、一目了然，根据比赛环境和被替换下场队员的出场速度决定示意的持续时间。
  - 在进行替换程序前，应与裁判组成员有语言和行动上的交流。

当替换程序结束后，应再次与裁判组成员确认替换结束。

- 临近某一阶段比赛结束时，当替换队员和补时在那一时间段内将同时发生时，应观察和判断比赛形式，依据两者的重要程度，优先规划顺序，合理分配时间。
- 在举牌示意时，要注意使用颜色的区别，避免引发误会。
- 在举牌示意的过程中，要兼顾替补席和赛场上发生的任何事件，做好应尽的职责。

• *助理裁判员（“双裁判员”制）：*

- *在举牌换人时，兼顾好替换队员和被替换队员应在换人区域内执行换人的程序。*

11. 运用有利条款

在规则中设立有利条款，鼓励裁判员运用有利条款把握判罚时机是足球比赛中的一项特殊规定，主要基于：一是较大的比赛场地决定了场上队员在比赛过程中组织进攻距离远、时间长、干扰多，队员获得进球或进球得分机会的难度大。二是较多的参赛人数决定了队员在比赛过程中身体对抗次数及由此引发的犯规次数较多，对一些未影响到控球方利益的一般犯规不做判罚，能够引导比赛更加连贯和流畅地进行，增加了比赛的激烈程度。三是身体对抗是足球项目本身固有的特征，在一定范围内允许裁判员酌情掌握判罚，可激发队员强烈的“战斗”欲，促进比赛对抗的激烈程度，提高比赛的观赏性。裁判员在运用有利条款时应考虑：

• 保证运动员的身体健康不受到犯规队员的侵害是裁判员在运用有利条款时首先考虑的因素。因此，“阅读”犯规过程，判断犯规程度是执行有利的前提。

• 裁判员作出运用有利条款的决定后，如果预期的有利在那一时刻没有接着发生，则应判罚最初的犯规。

• 在出现严重犯规、暴力行为或第二次警告（黄牌）的犯规时不应该运用有利条款，除非有进球或明显的进球得分机会。裁判员必须在随后比赛停止时，按照规则涉及的相应条款对犯规队员执行纪律处罚。

• 裁判员在运用有利条款时，不仅应考虑队员的情绪和比赛氛围，还要预见比赛的发展形势，在综合判断的基础上酌情运用，以确保有利在执行过程中的实效性。

• 在执行有利的过程中，裁判员应作出明确的手势，示意比赛继续进行。

12. 处理伤病队员

足球比赛是运动员在承受较大运动负荷的条件下完成身体对抗的竞技体育运动。队员在比赛场上因各种原因造成的伤病现象时有发生，为保护队员的身体健康，裁判员有责任确保伤者安全并使其及时地得到护理及救治。比赛过程中，一些队员出于战术目的，以伤病为由延误比赛时间的非体育行为也时有发生。裁判员在对待和处理伤病队员时应考虑：

• 洞察双方队员在对抗过程中使用动作的规范性，从运动规律判断造成伤病的可能性及严重程度。

• “阅读”比赛形式及赛场环境，预见和判断任何潜在的延误比赛时间的战术目的。

• 在处置伤病队员时应做到：

- 告知伤病队员，如需医护时必须尽快决定。
- 示意医护人员（非担架手），快速进场并在可能的情况下尽快完成医护。
- 根据规则，区分一般伤病与出现可警告（黄牌）或罚令出场（红牌）的犯规后对伤病队员的处理方式。

• 当裁判员作出下列决定后，比赛恢复：

- 医护人员离开比赛场地，队员留在比赛场地。
- 队员离开比赛场地接受进一步的伤情评估 / 治疗（可示意担架手入场）。

• 通常情况下，当所有人员准备好恢复比赛后，延误的时间不应超过 20~25 秒。

• 裁判员必须对此类情况损耗的时间给予补足。

• 对于任何形式的佯装欺骗行为，裁判员应给予纪律处罚。在执行纪律处罚时应做到：

- 在比赛场地内。
- 在队员能够起身站立的情况下。

13. 第四官员的工作内容

第四官员作为裁判团队中的一员，比赛期间将承担着重要的工作内容。其应由竞赛组织方在竞赛规程中被明确指派，同时说明在其他三名比赛官员中的任何一名不能担任执裁工作时上场替补。其在整场比赛中协助裁判员进行工作。比赛开始前，组委会一定要明确在裁判员不能继续担任临场工作的情况下，是由第四官员担任比赛的裁判员，还是由第一助理裁判员担任裁判员、第四官员担任助理裁判员。具体工作内容如下：

• 根据裁判员的要求，负责赛前、赛中、赛后的赛场管理。

• 监管队员替换程序。

• 负责检查场上队员/替补队员的装备，如发现场上队员装备不符合要求应告知裁判员。

• 在各半场（包括加时赛）结束时，展示裁判员将要补足的最短时间。

• 监管比赛换球。如果比赛中需要更换比赛球，则必须征得裁判员的同意并由第四官员提供，方可使用备用球。

• 必须向裁判员指正被误给的纪律处罚对象，或已经被警告（黄牌）两次的队员而并未将其罚令出场，以及发生在裁判员和助理裁判员视线以外的不正当行为。不过，裁判员持有对比赛相关事实作出决定的权利。

• 比赛结束后，第四官员应向有关机构提交由于裁判员和助理裁判员没有看到的任何不正当行为，或其他事件的报告。第四官员必须将所写报告内容通报裁判组成员。

• 有权将技术区域内任何人的不负责任的行为通知裁判员。

14. 赛前准备与赛后总结

赛前准备和赛后总结是足球裁判工作过程中的一个必不可少的重要环节。经验告诉我们，赛前准备是决定裁判工作成败的基础，好的准备有助于裁判员工作的顺利开展，能够从思想、心理、身体等方面做到从容面对、游刃有余。赛后总结应从肯定成绩、查找问题、总结经验、摸索规律四个主要方面着手，坚持实事求是的原则，力求查找根源，以促进裁判工作的不断改进和全面提高。赛前准备和赛后总结应涉及以下内容：

- 赛前准备：
  - 学习、熟悉、掌握竞赛规则和竞赛规程内容，特别是新条款、新规定、新方法、新精神，避免在工作中出现原则性错误。
  - 了解队伍信息、分析比赛形式、做好应对预案。可考虑下列因素：

    a. 球队的比赛作风。

    b. 球队技战术风格及特点。

    c. 球队特点鲜明的队员及关键人物。

    d. 球队的“伤停”信息及预计出场队员名单。

    e. 比赛队伍过往的赛事经历及相互间的胜负关系。

    f. 队伍排名及比赛结果对双方球队随后成绩的影响。
  - 组织并召开赛前准备会，内容涉及：

    a. 讨论上述内容，形成统一思想。

    b. 明确要求和职责，落实分工与配合的方法。
  - 检查裁判装备及工具。
  - 检查比赛场地规格与相关设备，对任何不符合标准的现象应及时上报竞赛部门或赛事主办方，由职能部门采取措施和提出解决方案。
  - 做好赛前“热身”活动，预防运动损伤。
- 赛后总结：
  - 针对赛前准备工作内容进行总结。

– 针对比赛过程中出现的问题和案例进行分析，并得出结论。
– 按照要求认真、如实填写相关工作报告。

15. 比赛报告的撰写

针对比赛过程中出现的问题，裁判员应本着严肃、认真、负责的态度向相关机构提交比赛报告。报告内容应涉及赛前、赛中、赛后所发生的纪律处罚信息及任何其他事件。相关机构在对场上队员、替补队员、球队官员等作出任何纪律措施/处罚的决定前，将对裁判员的报告进行商议。为确保撰写报告形式、内容、方法的规范性，裁判员应做到：

• 掌握、熟知任何有可能被提交报告的违规/违纪及其他事项。涉及领域包括：

– 违犯《足球竞赛规则》中的纪律处罚条款（红牌事件）。
– 犯有不当行为的相关事件，如下列情况：

a. 任何一方的行为扰乱了比赛秩序。
b. 参与斗殴。
c. 在赛前、赛中或赛后损坏财物。
d. 球队的不当行为：任一队中多名人员在一场比赛中遭到裁判员的处罚（包括警告或罚令出场）；任一队多名人员在一场比赛中威胁或骚扰比赛官员或其他任何人。
e. 任何人公然激怒其他人员，引发敌意或暴力事件。
f. 任何人在比赛中煽动公众。
g. 不具备资格的人员上场参加了比赛。
h. 球队拒绝开始比赛或继续已经开始的比赛。
i. 任何人以歧视、诋毁性的语言或行为冒犯个人或团体的尊严。
j. 任何人恐吓、使用暴力或威胁比赛官员，并做出某一动作或以其他方式限制比赛官员自由。
k. 观众的不当行为：向人群或设备实施暴力行径，点燃易燃设备或烟火、使用激光、投掷物品；以任何形式展示具有侮辱性、宗教性、政治色彩的标语，使用侮辱性文字或语言；侵入比赛场地，操控无人设备以干扰秩序等。

- 任何突发事件：
  a. 就比赛场地及其周边环境，或天气状况决定是否暂停、推迟、中止的比赛。
  b. 因场地、器材、设施等不符合标准，或因标准问题而不能继续使用造成暂停、推迟、中止的比赛。
  c. 因突发的重大事件必须暂停、推迟、中止的比赛。

• 一份书写良好的裁判报告应包括下列内容：
- 需确保涉及这些问题的回答将被填写完整，包括何人、何事、何时、何地、如何及为何发生。这些问题回答的侧重点取决于事件的类型及复杂程度。

何人	谁在报告事件？
	谁受到了影响？
何事	发生了什么（包括时间、类型和身份的细节）？
	事件的性质是？
	你最初采取了何种行动？
	报告中涉及事件发生的严重程度如何？
何时	事件是何时发生的？
何地	事件是何地发生的？
如何及为何发生	事件是如何及为何发生的？
	何种因素造成的

- 裁判报告的书写要求：
  a. 陈述事实：避免提出观点和推论。
  b. 简要：用较少的文字提供充足、清晰的信息。
  c. 完整：何人、何事、何时、何地、如何及为何发生。
  d. 易于理解：按时间顺序及框架结构陈述，语法、措辞规范，避免产生歧义。
  e. 保留证据：保存与事件相关的所有设备和补充文件。

PART 04

第四部分

规则术语

B

不当干涉

不必要的举动/干扰。

暴力行为

队员不以争抢球为目的，而对对方使用或企图使用过分力量或野蛮动作，或故意击打其他人的头部或面部的行为，除非使用的力量微不足道。

补时

因队员替换、受伤、纪律处罚、庆祝进球等“损耗”的时间，在各半场结束时予以补足。

比赛场地

由边线、球门线和球门网围成的比赛区域。

比赛官员

指在足球协会和/或竞赛主办方管辖下进行的比赛中，代表足球协会和/或竞赛方履行执法比赛职责的个人或团队。

比赛恢复

比赛停止后，以任何方式继续比赛。

比赛恢复时的位置

比赛恢复时，场上队员所处的位置以其双脚或身体任何接触地面的部分为准（第十一章涉及的情况除外）。

“补水”暂停

竞赛规程可以允许“补水”暂停（不超过1分钟），使队员得以补充水分。“补水”暂停不同于“降温”暂停。

C

处理球

队员作出的用身体接触球的动作。

裁判员

在比赛场地内执裁的主要比赛官员，其他比赛官员在裁判员的管理和领导下履行职责。裁判员的判罚决定为最终决定。

场外因素

任何动物、物体或建筑结构体，以及除比赛官员和球队名单（场上队员、替补队员、球队官员）以外的任何人。

冲撞（对方队员）

用身体对对方队员使用的争抢动作，通常使用肩部或上臂（紧贴身体）。

D

电子表现跟踪系统（EPTS）

记录、分析球员体能和生理活动数据的系统。

蹬踹

队员的脚离开地面，使用脚底部位向前发力，在伸直腿的情况下触及对方队员踝关节以上部位（包括踝关节），被认定为蹬踹动作。

“单裁判员” 制

指比赛场上由一名主裁判主持，包括设置两名助理裁判员和一名第四官员（如“十一人”制）。

对受伤队员的伤情评估

通常由医护人员对场上受伤队员伤势进行的快速诊断，用以确定是否需要治疗。

F

犯规违规

违背/破坏/违反规则的行为。有些情况下指对人、特别是对对方队员的不合规行为。

罚令出场（驱逐出场）

当队员犯有可被罚令出场的犯规（出示红牌作为表示），不得参加剩余时间的比赛，并要求离开比赛场地时采用的纪律处罚。如果比赛已经开始，则该名队员不得被替换。

罚球点球决胜

决定比赛胜负的方式。由双方球队轮流踢罚球点球，直至当双方罚球次数相同时，一队进球数比另一队多一球（除非在规定的踢球次数结束时，一队罚完剩余所有轮次可能的进球数都无法追平另一队）。

非体育行为

有失公平地不当举动/行为，应给予警告（黄牌）。

G

过分力量

使用超出必要的力量或力气。

攻击性、侮辱性或辱骂性的行为/行动

粗鲁的、伤害性的、无礼的语言或肢体行为，应罚令出场（红牌）。

干扰

扰乱、迷惑或吸引注意力（通常是以不公平的方式）。

故意

队员有意/有目的而做出的行为，而非“本能的”或无意识的反应。

H

混合系统

人造和天然结合材料制成的草皮，同样需要阳光、水分、空气循环和剪草处理。

合理争抢范围

队员可以通过伸脚/伸腿或起跳，以及守门员挑起后手臂展开而接触到球的距离范围。此距离取决于队员的体型。

J

假动作

试图迷惑对方队员的行为。规则中已经定义了允许的和不合规的假动作。

警告

一种被记录和报告的纪律处罚，以出示黄牌作为表示。一名队员或球队官员在一场比赛中得到两次警告将被罚令出场。

间接任意球

在踢出球后，由其他场上队员（任意一方）触球后才可进球得分的任意球。

纪律处罚

裁判员实施的纪律措施。

救球

指队员用除手之外（守门员在本方罚球区内除外）的任何身体部位组织或试图阻止即将进门或非常接近球门的球。

假摔（佯装）

队员制造出错误/虚假表象的动作行为，好像有情况发生而其实并没有，企图借此获得不正当的利益（参考欺骗）。

加时赛

一种决定比赛结果的方式，分为两个不超过10分钟且相等时长的半场。

技术官员

球队正式名单中的非参赛人员，如教练员、理疗师、医生（见球队官员）。

技术区域

（体育场馆内）供球队官员和替补队员使用的有坐席的区域（详见

竞赛规则第一章具体内容）。

"降温"暂停

为保障队员的权益与安全，竞赛规程可以允许在特定的天气条件下（高温高湿），在比赛中实施"降温"暂停（时长通常为 90 秒至 3 分钟），以使队员身体降温。"降温"暂停不同于"补水"暂停。

K

客场进球规则

当两队进球数相同时，用来判定比赛胜负的方法。此时客场球队的进球将被双倍计算。

快发任意球

在比赛停止后快速发出的任意球（经裁判员允许）。

L

拉扯犯规

仅指队员通过接触对方队员身体或装备的方式，阻止对方队员移动的违规行为。

鲁莽的

队员的行为动作（通常是在抢截或争抢时）不顾及（忽视）可能对对方造成的危险或后果。

P

判罚

一种惩罚。通常是以停止比赛并判给对方任意球或罚球点球的方式

（同时可参考有利）。

Q

球队官员

任何列入球队正式名单中的非参赛人员，如教练员、理疗师、医生（见技术官员）。

球队名单

列出上场队员、替补队员和球队官员信息的正式文件。

抢截

使用脚争抢球（在地面或空中）。

欺骗

误导/使用诡计使裁判员作出错误的判罚/纪律处罚，以使该名队员自身和/或其球队获利。

其他比赛官员

• 助理裁判员：

助理裁判员在“单裁判员”制中，为持旗的比赛官员，处在两个半场的边线位置协助裁判员作出判罚决定，尤其是涉及越位、球门球、角球、界外球的判罚。在“双裁判员”制中，助理裁判员即为“第三裁判员”（如第四官员）。

• 第四官员：

负责协助裁判员管理场上、场下事务的比赛官员，包括监管技术区域及替补队员等。

S

“双裁判员” 制

指比赛场上由两名裁判员主持，他们有不同的分工和决定权，但工作职责和权限是一致的（如“五人”制）。

“视频” 比赛官员

包括视频助理裁判员和助理视频助理裁判员。他们按照视频助理裁判员操作规范的要求协助裁判员。

• 视频助理裁判员：

被指派根据视频回放画面与裁判员沟通信息并协助裁判员的现役或已退役的裁判员。视频助理裁判员仅在视频回放画面显示出现了“清晰而明显的错误”或“严重的遗漏事件”时协助裁判员。

• 助理视频助理裁判员：

被指派协助视频助理裁判员的现役或已退役的裁判员/助理裁判员。

T

踢

队员使用脚和/或脚踝接触球，则视为踢球。

替换区

在使用“返场替换”及“暂时罚离”规则条款的比赛中，队员进出比赛场地的规定区域（在竞赛规则第一章中有明确描述）。

W

微不足道

不明显地、轻微地。

危及对方安全

使对方队员处在（受伤的）危险或风险中。

X

信号

裁判员或其他比赛官员使用的肢体示意，通常以手臂、手旗、显示牌的动作或使用哨音（仅裁判员）的方式。

Y

有利

当犯规发生，未犯规的一方能从中获得利益时，裁判员允许比赛继续进行。

野蛮行为

野蛮、粗暴的行为或故意使用暴力的行径。

异议

对裁判员的判罚以公开方式表示异议或抗议（用语言和/或肢体动作），需在公众视野下给予警告（黄牌）。

严重犯规

当抢截或争抢球时，采用危及对方队员安全，使用过分的力量、野蛮的方式，应罚令出场（红牌）。

Z

阻碍

延缓/阻挡或阻止对方队员的行动或移动。

中断

将比赛暂停一段时间，试图最终能恢复继续比赛。例如，由于大雾、大雨、雷电、严重受伤等情况而造成的中断。

阻截

阻止球到达预定的地点。

直接任意球

可以将球直接射入对方球门，无须触碰其他队员，即可得分的任意球。

坠球

恢复比赛的方式之一。裁判员坠球给最后触球的球队的一名队员（除非是在罚球区内，需坠球给守方守门员），当球接触地面时比赛即为恢复。

争抢

一名队员与对方对抗/争夺控球权的行为。

酌情考虑

裁判员或其他比赛官员在作出判罚时的判断。

足球比赛精神

足球作为一项体育运动，一种受欢迎的比赛，其核心的原则详见第五章。

暂时罚离

对于受到所有/部分类型的警告（取决于竞赛规程）的队员，暂时停止其参与接下来一部分时长比赛的处罚。

暂时罚离区

暂时罚离区即为本队的技术区域，除竞赛规则第一章内涉及暂时罚离区的条款外，被暂时罚离的队员应遵守在技术区内的相关规定。

中止

在比赛程序尚未完成前，终止/取消该场比赛。

APPENDIX 01 附件1

国际足联公平竞赛准则

第 1 条　公平竞赛

比赛的胜利如果是通过不公平或欺骗的手段获得，那么这个胜利没有任何价值。作弊很容易，但毫无乐趣可言。公平竞赛需要勇气和品质，而且也更有成就感。

公平竞赛会得到相应的回报，即使比赛输了也能够赢得尊重，而欺骗则令人憎恶。请记住，这只是一场比赛，不公平的竞赛没有任何意义。

第 2 条　为胜利而比赛，并正确对待比赛的失利

赢得胜利是所有体育比赛的目的，绝不要主动放弃任何一场比赛。如果不是为了胜利而比赛，那么就是在欺骗对手、愚弄观众，同时也是在欺骗自己。面对强大的对手永远不要放弃，面对弱小的对手也要竭尽全力。如果在比赛中未尽全力就是对对手的侮辱。只要终场哨声未响，就要全力以赴去争取胜利。

同时要客观地认识到，没有谁可以永远取得胜利。比赛总会互有胜负，要学会正确对待失败，不要寻找借口，因为失败的真正原因往往显而易见。向胜利者祝贺，不要抱怨裁判员或怨天尤人，应该把全部注意力放在如何踢好下一场比赛上。一个有风度的失败者，要比没有风度的胜利者能够赢得更多的尊重。

第 3 条　遵守比赛规则

任何运动都有自己的规则，没有规则就会出现混乱。足球运动的规则简单易学。要确实地学好比赛规则，这将有助于更好地理解比赛，成为一名优秀的运动员。懂得规则的精神同样重要，因为规则的制定是为了使比赛更有趣、更有观赏性。遵守比赛规则，才能更好地享受比赛的乐趣。

第 4 条　尊重对手、队友、裁判员、官员和观众

公平竞赛意味着相互尊重，相互尊重本身就是足球的一部分。没有对手就没有比赛，双方拥有同样的权利，包括被尊重的权利。球队是一个整体，其所有成员都是平等的。裁判员负责保证比赛的纪律和公平竞赛，所有队员都要无条件地服从裁判员的决定，这样才能使所有的人更好地享受比赛。竞赛官员也是比赛的一部分，同样也应受到尊重。观众创造了比赛气氛，他们希望看到公平的竞赛，同时观众自己也要有恰当的举止。

第 5 条　维护足球的利益

足球是世界上最具影响力的运动，需要我们每个人的不断努力，使其永远成为世界第一运动。永远将足球的利益放在自身利益之上，时刻意识到自己的一言一行都会影响到足球运动的形象。要宣扬足球比赛中积极的一面，鼓励别人去观看比赛，去公平地参与足球运动，帮助别人和自己一样享受足球的乐趣。要争取做一名足球大使。

第 6 条　赞扬那些维护足球运动声誉的人

足球运动之所以大受欢迎，是因为绝大多数热爱这项运动的人是诚实而公正的，特别是有些人的突出表现得到了社会的公认。他们应该受到尊重，他们的事迹应该广为宣传，这将鼓励其他人以此为榜样。应该通过宣传足球运动的优秀事迹来提高足球运动的形象。

第 7 条　拒绝腐败、违禁药品、种族歧视、暴力及其他危害足球运动的事物

足球运动虽广受欢迎，但也往往受到外界的负面影响。要提高警惕，抵制任何违禁药品和作弊的诱惑。违禁药品不应该出现在足球和其他运动中，也不应存在于这个社会中，要对违禁药品说不。将种族歧视赶出足球运动，无论肤色和种族，平等对待所有的球员。宣传足球、拒绝暴力，足球是一种体育运动，而体育运动是和平的。

第 8 条　帮助他人抵御腐败的压力

也许有的队友或其他人受到作弊的引诱，他们需要帮助，要毫不犹豫地支持他们，给予他们抵御这些诱惑的力量，并提醒他们对队员和足球运动所承担的责任。必须同队友团结起来同腐败及作弊行为进行斗争，就像在足球场上组成一道坚固的防线。

第 9 条　谴责那些试图毁坏这项运动形象的人

如果确信有人准备引诱他人作弊，要毫不犹豫地揭露这个阴谋，必须在造成危害前将其丑恶行为公之于众并予以抵制。公开谴责某种错误行径往往比随波逐流需要更大的勇气，诚实受人赞誉、附和无人称道。不要仅仅对错误行径说不，要在其得逞之前站出来谴责这些试图破坏足球运动的人。

第 10 条　让足球使世界变得更美好

足球运动有着难以估量的魅力，这种力量能使我们所处的世界更加美好。足球会为我们每个人带来一个更加和平、平等、健康和有良好教养的社会环境。努力让足球变得更美好，这也是我们对世界做出的贡献！

APPENDIX 02 附件2

足球运动相关人士行为规范

球员

球员应坚持公平竞赛。每个球员都想踢好球并获得比赛的胜利，这就必须要将球技与公平竞赛原则结合起来。公平竞赛原则为足球比赛创造了一种增进人们之间友好感情的特别氛围。为了使足球比赛更具乐趣和吸引力，必须遵守以下规定：

（1）不穿可能伤害他人的服装。

（2）为对手鼓掌。

（3）欣赏对手的球技。

（4）与对手分享饮用水。

（5）帮助受伤的对手。

（6）不要夸张所受轻伤的程度以吸引他人注意力。

（7）不使用暴力或危险动作。

（8）不用危险动作报复对手。

（9）帮助队友和对手。

（10）避免与队友或官员争吵。

（11）无条件服从裁判员或助理裁判员的判罚。

（12）不要对边线球、角球、球门球等判罚提出异议，让裁判员来作决定。

（13）自觉遵守罚任意球时防守队员退出规定距离。

（14）服从并尊重裁判员的判罚。

（15）不可趁裁判员不注意时犯规。

（16）被判越位后不再踢球。

(17) 有尊严地接受失败。

(18) 胜不骄。

裁判员

无论是业余裁判员，还是地区或国家足协的裁判员，抑或国际裁判员，都应该为发扬公平竞赛原则创造一个良好的环境。运动员希望享受比赛的乐趣，裁判员就应该坚决公正地作出判罚，从而赢得他们的信任。在透彻理解比赛规则精神和实际意义的基础上，根据比赛水平和实际情况公正执裁。

裁判员可以按以下方法发扬公平竞赛原则：

(1) 穿着得体，整洁精练。

(2) 与球队双方官员和球员正当联系。

(3) 仔细检查所有设备。

(4) 让比赛不受干涉地顺利进行。

(5) 保持冷静，行为高尚。

(6) 及时提醒队员避免犯规。

(7) 迅速认真地处理任何蔑视比赛规则、对手或者裁判员的行为。

(8) 劝阻、制止有情绪的球员故意犯规，影响比赛。

(9) 关心受伤的队员。

(10) 严厉处置假装受伤的人，或企图使对手受到不公平判罚的行为。

(11) 掌握有利时要做出明确的手势。

(12) 及时发现并处理任何破坏比赛的行为。

教练员

教练员对球员的素质和球技起着重要作用，同时也对年轻人的性格发展影响较大。队员的表现反映了教练员在发扬公平竞赛规则上作出的贡献。

除了向他们传授已有的指导方针，教练员还可以：

(1) 向队员介绍足球历史。

(2) 教导队员遵守比赛规则。

（3）指导队长在场上发扬公平竞赛精神。

（4）鼓励队员尊重双方球迷。

（5）鼓励场上和场下的球员态度积极、纪律严谨、不违反规则。

（6）反对任何作弊或不良行为。

（7）反对违法药品及刺激物。

（8）与球员父母保持良好的关系。

（9）冷静、自尊、不公开责备球员或裁判员，以身作则。

（10）严格处置蔑视比赛规则的球员或球队工作人员、不管其有多么重要。

教练员在足球运动中的特殊角色，可以帮助年轻人在足球和社会中养成良好的行为规范。坚持公平竞赛原则有助于教练员建立良好的声望，并为俱乐部和国家体育事业的发展作出贡献。

球迷

球迷支持足球。足球运动既简单又神秘，具有悬念和戏剧性，并有即时的幽默感，使人们心情愉快。球迷往往还被足球运动的丰富多彩、优雅多姿及球员的高超球技所吸引。球迷的存在不仅可以鼓励球员取得更大的成就，而且还可以与其他人一起对促进足球运动更好地发展发挥重要的影响。球迷自然希望自己支持的球队获得胜利，但是作为足球的真正支持者，球迷更希望自己支持的球队诚实而公平地赢得比赛。必须意识到只有公平竞赛才能使比赛精彩而生动。

球迷能为公平竞赛贡献什么？以下是一些建议：

（1）将足球比赛视作运动而不是战争。

（2）更多地了解足球以便更好地欣赏它。

（3）欣赏对方球员的球技并为之鼓掌。

（4）批评不良行为以及作弊行为。

（5）尊重对方的球迷。

（6）要设身处地的理解赛场上执裁的裁判员，并给予鼓励和尊重。

（7）反对他人以暴力或不良行为破坏足球比赛的形象，他们不是真正的球迷。

球队队长

球队队长是球队的领袖和正直的代表。队长的职位不代表任何特权，但有义务为球队承担某些责任。作为球队领袖，其行为对队友和比赛有着重要的影响。落实公平竞赛指导方针，完成每项义务，并教导队友。球队队长还应就怎样遵守公平竞赛原则与教练员进行讨论。例如，在什么样的情况下会导致粗野行为或队员失去自我控制。队长有责任迅速处置这样的队员。注意在被判罚边线球、任意球时、要迅速地将球留给对手，不要采取任何不公正的行为。记住，球队队长没有任何权力对裁判员的判罚提出质疑。向裁判员咨询信息、换守门员或替补队员，或请求援助受伤的队员时，应保持礼貌。球队进球时欢呼表达喜悦很自然，但时间要短，而且要保持尊严。比赛结束哨吹响时，无论结果如何，记住向裁判员和对手表达谢意。

球员家长

球员家长都希望自己的孩子能够享受足球的乐趣，保持身体和心理健康，并为其表现出的规范行为而自豪。家长是孩子的第一任老师，教导孩子怎样处理社会交际关系，教育孩子为别人考虑，以及辨别对与错、公平与不公平是家长的首要任务。在孩子早期的娱乐活动中就要向其灌输公平竞赛的思想。孩子上学后，家长都希望老师和体育教育工作者加强这方面的教育。

在体育课上，老师和教练员总是积极热情地创建可以赢得比赛的队伍。如果队伍在公平竞赛的基础上赢得比赛的胜利，这样的成功将给队伍带来骄傲和声望，家长要反对不惜一切手段赢取比赛的行为。输球要输得有自尊、赢球后也要懂得谦虚。

家长应常与喜爱足球的孩子讨论关于公平竞赛原则的指导方针，这样将促使其更加乐观积极。家长可以全面检查每一个要点，并确认自己的孩子在场上是否付诸实践。观看孩子所在队伍的比赛时，家长就理所当然地成了球迷，此时家长的原则就会受到考验。家长还应研究和学习为球迷设置的指导方针。

比赛组织者

比赛组织者可以是领队、俱乐部官员、比赛组织者，或者地方足协、国家足协或国际足联的行政官员。其代表的是权威，手里掌握着权力，同时也负有责任。其中一项就是维护足球的公共形象，保证比赛合理进行。确立合法的比赛制度，让球员可以友好地进行比赛，这就要求组织者清晰仔细地制定比赛规则，规定场内外队员应该遵守的规则。与公平竞赛原则一致，即使是你所代表的一方犯了错误，也必须保证予以公正地处理。谴责违规、腐败、暴力和其他一切破坏公平竞赛原则的行为。严格处理任何影响组织或比赛声望的个人、队伍或俱乐部。选择支持和拥护公平竞赛原则的人担任领导位置，如教练员、官员或其他人。

教师

无论是小学、中学、大学，或其他任何院校的教师，都拥有特殊的机会向性格形成时期的年轻人宣扬公平竞赛精神。小学阶段，教师可以向学生展示怎样尊重别人、尊重比赛规则，使比赛更有意义和更令人满意。中学以及大学阶段，如果过分强调比赛胜利，将在比赛中影响学生对公平竞赛原则的运用。

教师应让那些可能出现在大量观众和媒体面前的球员意识到，他们有责任建立高标准，从而为其他球员树立榜样，引导他们也采取正确的态度。无论是在体育馆还是运动场，教师都必须友好且有耐心，尊重并为他人着想，培养学生遵守纪律、有慷慨大方的自豪感，从而为足球、为他们自己、为教育机构增光。

球队医生

球队医生为队员的身体负责，并可以与教练员和俱乐部官员一起制定规矩，从而为公平竞赛作贡献。

球队医生的公平竞赛行为可以包括以下内容：

（1）根据气候和比赛条件建议和引导队员的着装和鞋袜。

（2）建议队员不要穿戴可能造成伤害的饰品，如戒指，项链等。

（3）当年轻队员参加比赛时，宣扬“安全第一”的观点。

（4）鼓励任何有助于参与者健康和安全的行为。

（5）帮助缓和受伤队员的激动情绪。

（6）反对使用违禁药物或者兴奋剂，因为队员和对手都可能因鲁莽或危险的行为受伤。

媒体记者

无论是兼职还是全职记者，以及广播电台、电视台或电影的评论家，都应该为使足球比赛更精彩、更有吸引力而努力。媒体的首要任务是向观众转述足球比赛，这样的转述必须让编辑、出版商或制片人满意。在时空限制内，主要强调有趣的地方，但也可以针对比赛表达自己的观点或其他相关的更多话题。媒体的观点影响着大众的观点。媒体记者要以帮助宣扬广大观众都认可的公平竞赛精神为己任。

媒体记者对发扬这一精神的贡献可以包括以下内容：

（1）谴责违规和作弊行为。

（2）批评那些采用不公平手段的企图。

（3）批评蔑视公平竞赛原则的明星球员。

（4）从不同的角度考虑问题后再对裁判的判罚表达自己的意见。

（5）表扬比赛官员和队员、教练员好的行为。

（6）谴责球迷的暴力和不良行为。

（7）支持公平竞赛，鼓励公平竞争。

公平竞赛宣言

（1）通过公平竞赛实现我们的梦想，让足球促进世界和平。

（2）严格按照规则进行比赛，让支持我们的人感到幸福。

（3）不要与裁判员争论，要向观众展示你的风格。

（4）尊重对手和队友，不要把坏脾气带到场上去。

（5）不要使用暴力，要保证永远不会失去自我控制。

（6）在尽了最大努力后勇敢地接受失败，公平地祝贺胜利。

（7）团结一致，让我们梦想成真。

REFERENCES

参考文献

[1] 国际足球联合会 . 2011—2012 足球竞赛规则 [M]. 北京：人民体育出版社，2012.

[2] 国际足球联合会 . 2014—2015 室内五人制足球竞赛规则 [M]. 北京：人民体育出版社，2015.

[3] 国际足球理事会 . 2019—2020 足球竞赛规则 [M]. 北京：人民体育出版社，2019.

[4] 陶然成，等 . 足球竞赛规则分析与裁判法 [M]. 北京：人民体育出版社，2013.

[5] 谭海，等 . 校园足球竞赛规则图解 [M]. 北京：北京体育大学出版社，2018.